T0246656

Hechizos
y rituales de una
Bruja
del Caos

Cómo compaginar
tu vida mundana
con la mágica

Sére Skuld

Editorial Arcopress • Colección Enigma
Dirección editorial: Pilar Pimentel
Edición: Ángeles López
Diseño y maquetación: Fernando de Miguel
Corrección: Mónica Hernández
Foto de cubierta: Pili Rosique

www.editorialalmuzara.com
pedidos@almuzaralibros.com - info@almuzaralibros.com

Editorial Almuzara
Parque Logístico de Córdoba. Ctra. Palma del Río, km 4
C/8, Nave L2, nº 3. 14005 - Córdoba

Imprime: Gráficas La Paz
ISBN: ISBN: 978-84-11315-59-3
Depósito Legal: CO-1500-2023
Hecho e impreso en España - *Made and printed in Spain*

A quienes me sostenéis a diario.
Eso sí que es magia.

«Probablemente no debería decir que los libros de hechizos no funcionan. En realidad, no funcionan si no tienes una comprensión adecuada de cómo funciona la magia y no te has comprometido antes con una serie de prácticas esenciales y fundacionales. A no ser que seas capaz de dirigir un poder en bruto hacia los hechizos, esos libros son inútiles. Tienes que ser capaz de poner energía, intención y concentración en tu magia o, por el contrario, los hechizos y los rituales se quedan en meras palabras».

Damien Echols

ÍNDICE

PRÓLOGO

HACIA TUS OJOS, HACIA TUS MANOS

Situarse frente a la creación de un nuevo libro es todo un salto al vacío en el que, agitar las manos al escribirlo, significa formar ondas de comunicación que describen un contacto con lo interior que muta en exterior.

Es un habla gestual de trazos que se deslizan sobre pulsos que marcan tiempos, en los que el silencio se convierte en tacto y forma, en plasmación. Y entonces surge la expresión que llena el espacio.

¿Acaso no es esta una muestra de absoluta
y única magia esencial?

Estoy solo, frente a una pantalla en la que, a cada movimiento de mis dedos, van surgiendo caracteres que denominamos letras, porque hay que llamarlos de algún modo. Pero pienso que, en realidad, son símbolos que van llegando para presentar su propia identidad a nuestra necesidad de asociar ideas y conceptos. Son elementos unipersonales que, al unirse unos con otros, abren mis sentidos a la expresión. Tanto como los tuyos a la percepción.

Y es en esa percepción donde siento que, en mi caso, esto ocurre porque tengo en mi mente la imagen de mi apreciada Sére Skuld.

La imagino en un lapso en el que su quietud cobraba cuerpo en su gesto frente a cada una de las páginas que guarda este libro. Conociéndola, no puedo evitar preguntarme cómo habrá sido su contacto con su propio silencio, con las semillas que han echado raíces en esta obra que, ahora mismo en tus brazos, se convierten en vigorosas ramas de imaginación.

Pero sé que Sére no ha detenido su mirada en la última palabra que encuentres en aquella página que, aparentemente, cierre este recorrido. Intuyo que, sus ojos, aguardan con avidez tus movimientos.

Sospecho que sabe que leer es un acto de entrega...

Sea como fuere, lo que vas a encontrar aquí encierra y libera la veracidad y la proyección que son constantes en ella. Siempre he pensado que en su sensibilidad se fusionan detalles que, en un punto dado, se mezclan para cobrar la forma que su personalidad les da con una cercanía que no está exenta de cautela. En esa distancia tan corta, ella conoce y reconoce. Vive la experiencia y la experimentación.

En mi memoria brota el recuerdo de algunas noches de hace ya varios años en las que, cenando juntos, nos las ingeniábamos para hablar de temas que nos atrapaban. Lo hacíamos con suma habilidad y complicidad, porque sabíamos encontrar la manera de entendernos por encima de los diversos comentarios de las personas que estaban en la gran mesa. De algún modo, usábamos el ruido para que nuestros mensajes destacasen más en la bandeja de nuestra comunicación.

De esas charlas surgieron otras, siempre divertidas, siempre honestas e interesantes. Siempre dejando la posibilidad a algo nuevo por lo que seguir investigando en nuestro entusiasmo y modo de sentir. Volando y, a la vez, pisando con firmeza el suelo que nos contiene.

*¿Acaso sentir bien tu suelo no es la mejor manera
de reconocer el aire en tus alas?*

Hoy, Sére sigue siendo la misma que entregaba una mirada y una sonrisa que atesoraban algo único. Pero, ahora, en ambas me muestra a una mujer que circula por el aire, caminando con una vista que planea sobre las distancias, abarcando su radio de acción..., y más. Sé que es así.

En sus pasos, en lo que escribe y en lo que dice y hace, refleja su pensamiento y su vida, como extensiones de un diálogo de emoción y raciocinio, que es el resultante de su lanzamiento hacia la búsqueda de hallazgos que no necesitan de giros de aspas para que salga el líquido elemento que riegue la extensión de lo que te está ofreciendo.

Pero ya es cosa tuya saber acercarte a su propuesta. ¡Ese es un gran reto!

Ahora, frente a ti se abren varias vías de percepción e intuición en las que desplazarte para ubicarte ante los conocimientos enlazados que te brinda. Aprovecha esta ocasión...

Déjame decirte que tales lazos de conexión son el producto de la contemplación y el análisis de una autora imbuida en una búsqueda, que es el símbolo de su propia identidad. Porque, en buena medida, este libro es la voz sensible de Sére Skuld. Pero también es el nuevo paso de una mujer frente a lo desconocido, frente a ti.

Entonces, vuestro diálogo es un vaso comunicante en el que, tanto ella como tú, sois los componentes alquímicos de cuanto vibra en este artefacto.

Como tú, me pregunto cómo habrá sido el proceso de dar vida a este libro. Las mañanas, tardes y noches mezcladas dentro de su concentración, en plena atención. Ordenando datos e información de su propia cosecha y de otras referencias para ubicarse en una nueva parada que es distinta al punto donde inició un trayecto que, estoy seguro, empezó de una forma y que, al acabar, la ha llevado a otra donde hay nuevos faros de visión.

Esos faros de visión, esas luces que se extienden, trazan una hoja de ruta en la que ella perfila a la magia a través de sus extensiones más directas con la vida. Desde un prisma cercano, nos muestra la cotidianeidad de esta, desnudando su naturaleza sin desviar la atención en el artificio.

Así, en estos contenidos, se vislumbra perspectiva reflejada en la reflexión y el autoanálisis, pero también se dan sendos vistazos a los valores históricos, sociológicos, folclóricos y antropológicos, que ayudan a entender el sitial en el que, desde diversos puntos de vista, ha sido puesta la magia.

Es en esa tesitura en la que Sére agudiza la mirada, intentando deslindar lo que puede haber o no en ella y lo que se le presupone, y lo hace posicionándose en una línea de sentido común que es de agradecer. Ahí, procura quitar velos a lo oculto para que esto no sea pretendida y pretenciosamente arcano. Porque el adorno no es el brillo y el brillo no es la luz.

Quizás, esta intención tenga un origen muy directo que está ligado a su propia manera de enfocar una magia que, también, muestra tener interacción con ella. Porque este trabajo que tienes ante ti, viene de una sensibilidad que se abre al contacto exterior desde prismas interiores en los que la música, los sueños, el caos, la brujería, la artesanía, el arte y la escritura, entre otros ejes, se saben integrales en su persona. Y lo que ella te entrega es lo que ella recibe.

De tú a tú.

Pero en toda esta ruta, hay una respiración constante de esa propia magia sugerida. Un aire que viaja por las líneas que pueblan este libro y que apela a tu propia implicación, observación e interpretación de lo que se te está mostrando. A tu propia actitud y elección.

Lanzándome, te diría que mi querida amiga Sére Skuld comparte mi opinión en cuanto a que implicarte, observar e interpretar sus palabras será el paso previo para que, según tus designios, emitas las tuyas con tu propia magia. Para que la lectura sea movimiento.

¿Me equivoco, Sére?

Escribir cuanto estás leyendo es algo que me es muy grato. Lo hago con alegría, sabiendo que la amistad y el tiempo han traído consigo conocimiento y compañía, descubrimientos y realizaciones. Pero, también, evolución.

Celebro mucho el voto de confianza que Sére me ha otorgado y decido hacerlo extensivo a ti.

Me gustaría animarte a que te dejes llevar por tu propio aliento de curiosidad ante este mar que te aguarda.

¡Que todo te sea propicio!

Los hallazgos surgen cuando nuestras pestañas se desnudan en ojos aún más certeros y nuestras manos se convierten en voces que leen los deslumbramientos que surgen cuando vemos que, tras una cortina, hay una extensión que aguarda.

¿Vas a adentrarte?...

Vislumbra.
De tú a tú.
De ti a tu magia.
Alumbra.

Aldo Linares. *Madrid, 24 de agosto de 2023, 18.57h.*

INTRODUCCIÓN: LA LETRA PEQUEÑA

ESTE LIBRO NO ES PARA TI

La vida en 2020 era extraña, en eso creo que podemos estar de acuerdo. A principios de 2021, cuando se fue reconfigurando nuestra realidad, recibí una llamada. Una voz envolvente y amable sonó al otro lado de la línea. Ángeles me contactaba, en nombre de la editorial Almuzara, para proponerme un proyecto y tratamos la idea de escribir un libro sobre cómo compaginar la vida mágica con la mundana, contándolo desde mi experiencia.

A Ángeles le interesaba que el libro fuera algo personal, no un listado interminable de hechizos y rituales extraídos de otros libros. Le parecía más enriquecedor escribir un texto cercano, como si fuera la transcripción de una charla, sentadas a la mesa de la cocina.

Experiencias compartidas en un espacio de confianza donde lo importante no fuera comparar el tamaño de tu biblioteca o el precio de tus artefactos, sino comprender qué conclusiones vitales hay detrás de una práctica, quería un libro que mirase a los ojos.

A pesar de la fe de Ángeles en mí, me resultaba muy complicado abordar un texto así, ya que me desenvuelvo con más soltura elaborando escritos puramente académicos o canalizando y plasmando textos de forma intensiva y casi automática.

Este libro plantea, además, la dificultad de la obsolescencia, ya que estoy contando mis experiencias hasta la fecha, pero no poseo una verdad absoluta e inamovible, simplemente explico lo que veo desde este punto del camino y cómo he llegado hasta aquí. Ella me animaba diciendo que todos los escritores hacen eso, escriben desde su momento vital concreto. El secreto es seguir escribiendo y compartiendo el viaje.

Hace décadas, cuando me di cuenta del camino que estaba recorriendo, mi principal reticencia era llegar a un punto en el que tuviera que elegir entre la vida mágica o la cotidiana o, peor aún, perder pie en este lado de la realidad. Para mí, era imprescindible compaginar ambas facetas sin tener que renunciar a ninguna de ellas. Para ello, la clave fue buscar un enfoque integrador entre todas las disciplinas que me interesaban, para que estuvieran alineadas hacia el mismo objetivo.

Si has llegado hasta aquí, quiere decir que de momento te interesa el libro. Vamos a la siguiente criba de interés, te voy a contar lo que NO vas a encontrar en estas páginas:

ESTE LIBRO NO ES PARA TI

Si esperas encontrar en estas páginas lo siguiente:

— Una de esas guías definitivas sobre magia y brujería.
— Una recopilación de hechizos extraídos de libros antiguos.
— Una historia completa de la magia hasta nuestros días.
— Rituales arcanos y secretos ocultos.
— Verdades absolutas.
— Respuestas indiscutibles.
— Clases magistrales.
— Teorías irrebatibles.

Y además…

Si no lees los subtítulos de los libros ni la letra pequeña de los contratos.

Si consideras que el sentido del humor está reñido con la magia… repito e insisto, aun estás a tiempo de dejarlo:

ESTE LIBRO NO ES PARA TI

Este no es un libro de instrucciones, no es un libro maestro, no es un libro tutor: es un Libro Compañero.

La idea es que pases un buen rato leyendo sus páginas y al terminar la lectura sientas que eres capaz de emprender o desarrollar tu práctica de forma independiente, con ilusión, curiosidad y con elementos al alcance de tu mano. A lo largo de sus páginas detallaré bibliografía y referencias relacionadas con los temas que vaya comentando.

En este libro encontrarás rituales en plan *Art Attack*, porque lo importante es comprender su dinámica y quitar las barreras mentales (autoexigencia, perfeccionismo, etc.) que retrasan nuestros comienzos.

Solo la práctica hace al maestro. Ningún libro ni ningún curso sustituye al trabajo personal; ponte manos a la obra cuanto antes, si es lo que te nace. Uno de los comentarios que más me hacen las personas que inician la práctica es que han desarrollado una percepción mucho más fina, al principio relacionaban la magia con resultados extraordinarios, premios de la lotería y fuegos artificiales, pero al avanzar en su camino se dieron cuenta de algo:

La grandeza se esconde en lo sutil

Por eso decía antes que, si no lees la letra pequeña de los contratos ni los subtítulos de los libros, este libro no es para ti.

La primera declaración de intenciones la encontramos en la portada. Podríamos haber elegido una imagen de *stock* de una chica *cuqui* con sombrero de brujita, vestida de negro —tal y como parece marcar el *dresscode* oficial—, con actitud intensa pero atractiva, abrazando un árbol en mitad del bosque.

Sin embargo, la imagen de portada soy yo hace cuatro años, en un pueblo abandonado, rodeada de escombros y mugre, llevando una camiseta del Conde Drácula de Barrio Sésamo y preparando un ritual a punto de chamuscarme una ceja.

Estas cosas pasan, con suerte cada vez menos, pero no hay que vivir la magia con miedo, sino con respeto.

Si seguimos explorando la portada, veremos que lo que más resalta es «Bruja del caos», porque a nivel marketing llama la atención, que es el objetivo de cualquier portada (luego explicaré qué es eso tan bizarro de «Bruja del Caos»). Arriba aparece «Hechizos y rituales», otra decisión editorial enfocada a que el malvado algoritmo favorezca las búsquedas por palabras clave. Debajo de todo esto se encuentra el verdadero título, el objetivo real del libro: «Cómo compaginar tu vida mundana con la mágica». Esto es a lo que yo le doy importancia. Cuando hablo de la vida mundana me refiero a la vida en la que tengo que pagar facturas, poner lavadoras, ir al trabajo, hacer la declaración de la renta y todas esas apasionantes tareas del día a día que son necesarias para cubrir necesidades mundanas, pero básicas. En este caso, hablo de las necesidades físicas, no espirituales. Necesito tener los pies en el suelo y la vista en el cielo, no creo que las personas seamos solo una cosa, somos la suma de multitud de facetas que queremos que convivan y se complementen.

Esta es una de las preocupaciones con las que me viene la gente que comienza a interesarse por la magia y la brujería; la mayoría de nuevos practicantes se agobian con el tono solemne y afectado de muchos discursos de pretendidos expertos; y el agresivo algoritmo de las redes sociales tampoco ayuda a sentirse mejor, porque da más visibilidad a publicaciones dudosas: parece que solo mereces practicar magia si vendes todas tus pertenencias y te vas a un bosque perdido a bañarte con cubos de rocío mañanero.

Quizá esta *pureza* te haya producido inseguridad. Y es que no deja de ser irónico que la magia y la brujería, que empezaron a diferenciarse de la religión por su carácter no normativo, ahora se estén intentando encorsetar y jerarquizar en las redes y en los medios, de tal forma que, si no tenemos los elementos más puros y perfectos o no hemos leído los libros más caros y difíciles de conseguir, parezca que nuestra práctica no tiene validez o seriedad.

Por supuesto que hay muchos tipos de magia y practicantes que desarrollan una labor de reconstruccionismo ritual muy enriquecedor, pero eso no quiere decir que el resto de enfoques o acercamientos más cotidianos e incluso sencillos sean menos válidos.

Mi experiencia en la magia no consiste en querer algo muy fuerte y esperar que el universo conspire para que ocurra o en recitar escritos antiguos de forma mecánica, sino en realizar un ejercicio constante de autoconocimiento por distintas vías. Concentrar toda mi atención, mi intención y mi energía para difuminar las fronteras entre planos y que parte de esa energía universal, de la que hablan tanto culturas ancestrales como practicantes contemporáneos, se vierta a este lado de la realidad.

Nunca realicé un ritual de iniciación a la magia dentro de un marco teórico o práctico concreto, ni recibí arcanos conocimientos reservados a unos pocos elegidos. Siempre fui por libre, buscando referencias, poniendo mi intención y mi atención en hacer lo que verdaderamente quiero, acompañándolo de rituales tradicionales que tenían sentido para mí. También les añadí mis aportaciones personales, desarrollando la práctica onírica y siendo constante en mi avance.

¿Resultado? Lo que hago se ha convertido en lo que soy y lo que soy se ha convertido en lo que hago.

Por ello, para mi propia práctica mágica es imprescindible que haya coherencia entre lo que siento, lo que quiero, lo que digo y lo que hago. Si se rompe este equilibrio, localizo la disonancia y analizo qué está ocurriendo. En mi caso, ser y hacer están alineados.

La magia, la brujería y el arte no solo forman parte de lo hago, forman parte de lo que soy

En este libro quiero mostrarte que tú también lo puedes conseguir, si es eso lo que quieres.

Continuamos con la siguiente criba, lo que SÍ vas a encontrar en estas páginas:
— Reflexiones ajenas y propias sobre la magia.
— Hechizos y rituales.
— Experiencias personales.
— El poder del filandón.
— Compaginar realidades.
— Sentido del humor.

Te voy a contar algo. Tuve mi primer sueño lúcido a los ocho años. El escenario era mi colegio, aunque con una pátina de luz macilenta, superficies musgosas y finísimas partículas en suspensión.

Ese primer sueño fue el primero de una serie que se extendió durante meses, continuando durante varias noches. En el sueño yo era consciente de estar soñando, contaba con los mismos recursos de la vigilia e incluso alguno más, mis sentidos estaban amplificados, tomaba decisiones en el momento e incluso era más real que la propia realidad de vigilia.

En aquella época pensaba que los sueños de los demás también eran así, pensaba que las experiencias que posteriormente vi categorizadas como magia, brujería, etcétera, eran comunes a todo el mundo. La noche oscura del alma versión *junior* me golpeó con fuerza y me acompañó durante mucho tiempo, con un sentimiento de soledad que iba cambiando de máscara en cada etapa. Este fue el principio de un viaje que quiero compartir contigo.

Decía antes que nunca fui iniciada en ningún sendero mágico, más bien hubo un punto en el que de repente me di cuenta de que estaba recorriendo ese camino desde hacía tiempo. En aquella época no había redes sociales y, por no existir, no existía ni Google (eran tiempos oscuros), así que estaba muy perdida.

Lo que tienes entre tus manos es el libro que a mí me habría gustado leer cuando me sentía sola, en un mundo donde la magia era objeto de burla constante.

No sé si a estas alturas tienes claro de qué voy a hablarte o si he conseguido el efecto contrario. En cualquier caso, todas las opciones son correctas. Vamos a *darle fufa* al tema.

Sigilo dual: «Este libro acompaña a quien lo necesita»
(Cargado durante la superluna azul del 30 de agosto de 2023
y con el sol del 31 de agosto de 2023)

MAGIA, BRUJERÍA, RELIGIÓN, ARTE, CIENCIA Y MARKETING

EL INICIO DEL CAMINO: ¿Y SI LA MAGIA EXISTE?

Tal y como apuntaba en la introducción, mi camino en la espiritualidad, la magia —o como quiera llamarlo cada cual— no tuvo un momento concreto de inicio, sino un chispazo de consciencia.

El problema vino justo cuando me di cuenta de que a la gente que vivía experiencias como las mías o realizaba ciertos actos, tanto de manera intuitiva como intencional, se les denominaba brujas o magos.

Por desgracia, no existía Google y los referentes de brujas y magos en el imaginario popular eran los que aparecían en programas de humor o en las crónicas negras, que narraban con todo lujo de detalle sucesos relacionados con asesinatos rituales —tómate un chupito por cada vez que un medio diga «ritual satánico»— y verás qué risa.

Por aquella época, había más información relevante y precisa en las partidas de rol que jugaba, los cómics que leía (¡hola, Neil Gaiman y Alan Moore!) y en los grupos de metal que escuchaba, que en los medios de comunicación *mainstream*.

Hasta España llegaban los ecos del *Satanic Panic*, cuyo epicentro se encontraba en el Cinturón de la Biblia de Estados Unidos. Este fenómeno se inició en los años ochenta y sus ecos aún resuenan hasta nuestros días. Fue la primera vez que escuché el nombre de Damien

Echols, una figura que ha acabado siendo muy relevante en mi vida, aunque nunca nos hayamos conocido.

Echols fue condenado a pena de muerte por un crimen que no cometió y pasó en la cárcel casi dos décadas, desde 1994 hasta 2011, año en que lo absolvieron. El tiempo que estuvo en prisión lo dedicó a estudiar magia y cuando por fin fue liberado publicó *Vida después de la muerte*[1], un libro que considero imprescindible tanto por su valor histórico como mágico.

Eso fue, ¡madre mía! Hace casi 30 años. ¿Cómo está el patio mágico ahora? Si miramos al panorama actual, nos encontramos con una cantidad abrumadora de información, que hace que mucha gente se sienta bloqueada ante no saber ni por dónde empezar, como suelen comentarme.

El primer impulso de quien se inicia en la práctica, derivado de años de condicionamiento educativo suele ser, desde apuntarse a algún curso que se puedan permitir, buscar una figura de autoridad, referencias bibliográficas o todo a la vez.

Después llega el agobio por la avalancha informativa que reciben, sobre todo al darse cuenta de lo que queda por aprender y recorrer: sigilos, rituales, grimorios, hechizos y hasta fantasías *lovecraftianas* de ayer y hoy.

Esto puede producir desánimo entre quien comienza su práctica o incluso afectar a la autoestima, al considerar que nunca estamos preparados o que no tenemos los conocimientos suficientes. Si ese es tu caso, tengo que contarte algo, una conclusión a la que todos los practicantes con cierto recorrido acaban llegando, formulado de miles de formas distintas, pero con el mismo mensaje claro:

> *La magia es inherente al ser humano, al margen de las capacidades o conocimientos iniciales del practicante.*
> *Resumen: cualquier persona puede hacer magia*

No hace falta formar parte de ningún linaje; la magia no es exclusiva de una élite especial ni necesitas que nadie apruebe o valide tu práctica, salvo que tú quieras. ¿Y es eso lo que realmente deseas?

---

1 Echols, D. (2019). *Vida después de la muerte.*

¿Cómo puedes empezar a compaginar la vida mágica con la mundana? A mí me sirvió leer libros sobre el tema desde un punto de vista teórico para asimilar conceptos de manera racional y comprender que la magia existe desde los albores de la humanidad. Entiendo que la definición de brujería, religión y magia ha sido ampliamente debatida en estudios académicos, pero no tengo la intención de abordar estos conceptos de manera exhaustiva.

Puede que no hayas indagado antes sobre magia y brujería y no sepas ni por dónde empezar, así que te ofrezco mi recorrido bibliográfico desde el lado mundano en busca de definiciones —contado a mi manera, claro— para aclarar conceptos y acercar posturas. ¡Vamos al lío!

MAGIA Y BRUJERÍA: LA DEFINICIÓN IMPOSIBLE

Tía, tenemos que hablar. Seguramente hayas visto formas distintas de escribir la palabra magia. En la actualidad, hay practicantes que emplean los términos *magiak*, *makgia*, *magia(k)* y otros derivados, cuyo origen se encuentra en la traducción de la palabra *magick*. Tal y como se señala en el libro *The Book of English Magic*[2], el famoso ocultista inglés Aleister Crowley reintrodujo la *ka* arcaica en la palabra magia y la definió como la ciencia y el arte de producir un cambio conforme a la voluntad, así como la ciencia de entenderse a uno mismo y sus condiciones y el arte de poner ese entendimiento en acción (2010: 8). No te preocupes, más adelante ahondaré sobre el concepto de producir cambios acordes a la voluntad.

En la cultura anglosajona, que tienen la magia y la brujería a pie de mesa camilla, se desenvuelven con estos conceptos de forma mucho más natural y los manejan con soltura. Nos llevan años de ventaja, prima.

Como ves, el término *magick* proviene del esoterismo angloparlante y es empleado por autores y magos como el citado Damien Echols. En su libro *Alta Magia. Las prácticas espirituales que me salvaron la vida en el corredor de la muerte* (2023), Echols emplea la letra *ka* para distinguir la magia e ilusionismo de salón (*magic*), de una

---

2 Carr-Gomm, P., & *Heygate, R. (2010). The Book of English Magic*. John Murray.

tradición espiritual concreta (*magick*), que define como una amalgama de cristianismo gnóstico, judaísmo esotérico, prácticas energéticas taoístas y formas de adivinación como el tarot o el *I Ching* y hace referencia a un sendero de transformación y evolución, que tiene su propio grupo de prácticas y una historia larga y compleja. ¡Vaya cacao cultural!

El caso es que, para facilitar la lectura, a lo largo del texto voy a utilizar la palabra *magia* escrita de la manera habitual, sin *ka*, ya que considero que en el libro no hay lugar a confusión sobre a qué tipo de magia me refiero.

Seguimos pa' bingo. Por otro lado, también estoy al tanto de que investigadores como Marvin W. Meyer y Richard Smith[3], que postulan que se debe hablar de «poder ritual» en vez de magia por considerar que esta palabra puede llevar una carga peyorativa o porque deja fuera aquellas prácticas que están a caballo entre magia y religión (según quien las practique o las describa).

«Poder ritual» las engloba todas (bien), pero es un arma de doble filo (mal), porque por un lado caben muchas prácticas que son mágicas y que otros autores no consideran así, pero por otro lado también caben prácticas que no se deben etiquetar como *mágicas*. Como digo, estoy al tanto de todas estas particularidades, sin embargo, a lo largo del libro voy a emplear la palabra magia, que es la que usamos en el lenguaje común, para agilizar la lectura y no complicar el texto de forma innecesaria.

Genial, mil quinientas palabras para explicar por qué voy a usar la palabra magia para hablar de magia, soy una *crack*.

*Mi intención no es dar la chapa, sino explicar términos
para situarnos y compartir mi proceso de aprendizaje
desde el lado mundano para comprender y asimilar
el lado mágico. Este acercamiento entre lo intelectual
y lo intuitivo es muy útil para compaginar la vida mundana
con la mágica y nutrir ambas facetas.*

¿Por dónde iba? ¡Ah, sí! Una de las preguntas que más se plantea quien comienza a interesarse por la magia y la brujería es cómo

---

3 W. Meyer, M. and Smith, R. (eds.) (1994), *Ancient Christian Magic: Coptic Texts of Ritual Power*, San Francisco, 5–6.

funcionan, ¿cuáles son los mecanismos en los que se basan las prácticas para operar en lo intangible?

Ante esta pregunta, respondo desde mi experiencia personal. En realidad, nadie tiene una respuesta definitiva e irrebatible, así que te recomiendo que mantengas una mente abierta y empática hacia quienes intentan explicar el funcionamiento, ya que a nivel académico las investigaciones siguen avanzando y desbancando teorías anteriores y a nivel experiencial cada persona es un mundo, con lo cual te van a contar la película según su interpretación (como estoy haciendo yo ahora mismo).

Ya que nos hemos metido en el jardín de la magia, entremos ahora al huerto de la brujería.

Cuando se trata de explicar el funcionamiento de la brujería, el primer escollo que nos encontramos es la propia definición de bruja. Hay multitud de definiciones, según se recurra a un enfoque filológico, sociológico, económico o de cualquier otra disciplina.

Pero si tiramos de la lógica de Forrest Gump y simplificamos diciendo que bruja es quien hace brujerías, nos topamos con otro muro: ¿qué es brujería? Y, además, la siguiente pregunta que surge de manera lógica es: ¿las brujas hacen magia? ¿Por qué no se las llama magas? Qué intensidad, ¿verdad?

En la actualidad, puedes declararte bruja, brujo, mago o maga, según consideres tu práctica, así de fácil. Aquí llega mi siguiente recomendación: las etiquetas tienen que servirnos para avanzar en nuestro camino, refinar búsquedas de conocimiento y comprender el mundo que nos rodea, no para ponernos trabas. A medida que avances en tu sendero, verás el jardín de definiciones y matices en el que te metes (o te meten). No te dejes impresionar ni distraer, tú a lo tuyo.

Si aplicar una etiqueta a tu práctica te limita o te restringe, deséchala.

Esto lo digo por experiencia: cuando me preguntan por qué me autodenomino «bruja del caos» siempre respondo que es por molestar.

Para alguien ajeno a la práctica mágica, el *título* de «bruja del caos» le parece divertido. Si tiene cierta cultura de cómic le recuerda a la Bruja Escarlata y se queda tan contento. Quienes están en el ajo mágico suelen hacerme más preguntas al respecto y les explico mi razonamiento: soy bruja y la magia del caos tiene una gran influencia en mi práctica.

Un poco de historia: la magia del caos es una corriente mágica relativamente joven, cuyos orígenes se remontan a los años 70 en Inglaterra. Hacía décadas del fallecimiento de Aleister Crowley, las órdenes esotéricas habían ido en declive hasta quedar reducidas a su mínima expresión, incluyendo a O.T.O.[4], la Orden Hermética de la Aurora Dorada o la Wicca (tan extendida en la actualidad), que fue fundada en los años 50 por Gerald Warner, amigo de Crowley.

Esa deriva esotérica, con unos pocos reductos todavía activos, fue el contexto en el que surgió la magia del caos, muy ligada al arte, influida por el punk, ecléctica, multidisciplinar y enfocada a los resultados.

En la magia del caos no hay lugar para dogmas ni gurús y se da gran importancia al trabajo con creencias (se adoptan o desechan paradigmas y creencias en función de los objetivos que se buscan, aunque resulten paradójicos); a los sigilos (la representación visual de la voluntad); a la gnosis (entendida en este contexto como un estado alterado de conciencia, en el que el subconsciente opera con libertad, sin los límites de la mente consciente); a la creatividad (la posibilidad de experimentar libremente y crear rituales y sistemas propios) y al sentido del humor (clave en muchos procesos mágicos, incluidos los destierros).

Odio la expresión «la letra con sangre entra»,
porque para mí es lo contrario: la letra con humor entra.

El humor bien enfocado es una herramienta poderosa para comunicarse y hacer que cualquier mensaje llegue más lejos.

En este mundo vertiginoso, donde se nos machaca con la idea de que tan solo tenemos tres segundos para suscitar interés en alguien, la magia sigue reivindicando el poder de la atención.

El resumen es: la atención nos permite enfocar nuestra intención —y por ende nuestra energía— hacia el objetivo formulado en base a nuestra voluntad. Esto es la magia, sí.

---

4 Ordo Templi Orientis.

Esta voluntad puede estar relacionada con la consecución de fines materiales, espirituales, individuales o grupales y queda a criterio de cada practicante elegir su objetivo y ejecución. Recuerda lo siguiente:

Si no tomas decisiones propias, alguien elegirá por ti.

La gente necesita un título o una etiqueta para colocar algo o a alguien en su mapa mental.

Cuando alguien me pregunta por lo de bruja del caos y explico los motivos que hay detrás de mi denominación observo cómo reacciona. Ese intercambio de información me da más datos a mí sobre ellos que a ellos sobre mí. Me sirve para comprobar su conocimiento mágico, su empatía y su sentido del humor que, como habrás deducido, es algo que valoro muchísimo por tratarse de un signo de inteligencia y una herramienta muy poderosa, tanto en la vida mundana como en la mágica: el humor nos ayuda a afrontar dificultades, crear vínculos y gestionar el miedo, entre otras cosas.

Si alguien responde con condescendencia o maneras afectadas, haciéndose el erudito, negando que esa práctica pueda considerarse brujería o magia y queriendo revestir el procedimiento mágico de solemnidad *snob*, ya se clasifica él solito en mi mapa del mundo. *Next.*

Confeccionar tu mapa del mundo te ayuda a avanzar tanto en la vida mundana como en la mágica: no pasarás dos veces por el mismo sitio a menos que quieras e identificarás tanto obstáculos del camino como lugares seguros (personas, prácticas, creencias o técnicas concretas, por ejemplo).

¿Cómo puedes confeccionar tu mapa mágico?
Puedes usar un papel o tu imaginación. A medida que vayas leyendo libros sobre el tema, experimentando técnicas, conociendo practicantes y aprendiendo conceptos, apunta información en el mapa de tu práctica mágica. Si sientes afinidad con algo concreto, sitúalo al Norte.
Si es algo o alguien que te genera rechazo, sitúalo al Sur, pero no lo pierdas de vista. Yo sitúo al Este lo que me ayuda a avanzar y al Oeste lo que me genera curiosidad, pero no tengo claro todavía lo que me aporta. Este mapa es cambiante, pero te ayudará a tomar decisiones basándote en tu experiencia y en tu intuición.
Crea tu propio mapa mágico, teniendo en cuenta que el mapa no es el territorio.

Mantén una mentalidad flexible que te permita asimilar
los cambios que vayas encontrando, reformular conclusiones, plantearte
cuestiones que ya considerabas resueltas y revisar definiciones de
conceptos, como es el caso que nos ocupa.

Volvamos a la pregunta inicial: si las brujas hacen magia ¿por qué no se las llama magas? Esta cuestión se puede responder con un par de frases o con cientos de libros y estudios.

La respuesta rápida es que, en sus orígenes, ser mago implicaba un estatus social alto, cierto nivel cultural y una preparación especializada para realizar actos orientados a conseguir unos objetivos concretos. ¿Otorgar ese estatus a una mujer? Complicado.

No hace falta memorizar conceptos, al final del libro no hay un examen tipo test, pero creo que estas distinciones sobre magia son útiles para cualquiera que se interese por estos temas:

Tal y como expone Echols en su libro *Alta magia: Las prácticas espirituales que me salvaron la vida en el corredor de la muerte*, numerosas fuentes consideran dos distinciones: la *alta magia* o *magia ritual*, enfocada al crecimiento espiritual mediante prácticas energéticas, ceremonias, rituales e invocaciones mediante técnicas de visualización, respiración, manipulación energética, etc.

La *baja magia*, *magia natural* o *brujería*, enfocada a deseos y necesidades mundanos, utilizando las energías naturales inherentes a objetos particulares (hierbas, piedras, cristales...) para conseguir ciertos resultados.

Otra forma de clasificación dentro del ámbito de la magia se presenta a través de los términos *teúrgia* y *taumaturgia*. La *teúrgia* implica un proceso en el que nos alineamos con la fuente de la creación para adquirir una mayor similitud con ella, busca acercarnos a la naturaleza divina, siendo en esencia un camino de automejora que diversas tradiciones mencionan al hablar sobre alcanzar la iluminación, experimentar el nirvana o traspasar las puertas del cielo; conlleva el refinamiento de nuestra energía hasta que las vibraciones de menor frecuencia se desvanecen gradualmente, permitiéndonos regresar al estado original en el que existíamos antes de la *caída* mencionada en la narrativa bíblica del Edén. En contraste, la taumaturgia hace referencia a la magia práctica, orientada a mejorar aspectos de nuestra vida en el plano material.

Por clarificar, los términos alta magia y baja magia no implican que una sea superior a la otra. Es una manera de denominar dos caminos que nacen del mismo sitio. La alta magia se emplea para una cosa (crecimiento espiritual) y la baja magia para otra (temas mundanos), y son perfectamente compatibles en un practicante. Unas veces necesitarás una cosa y otras, otra. Y no pasa nada.

¿Para qué sirve conocer estos conceptos?
Compaginar la vida mágica con la mundana parte
de la comprensión de ambas. Comprender conceptos sobre magia sirve
para ponerlos en práctica con mayor convicción,
para tomar decisiones en base a dónde quieres dirigirte
y qué resultados quieres obtener.

En esta clasificación básica, la brujería formaría parte de la baja magia, magia natural o taumaturgia. Partiendo de estos conceptos, las brujas son magas, porque hacen magia.

¿Es acaso la brujería una forma inferior de magia por enfocarse a asuntos más materiales? ¿Son superiores los practicantes de alta magia? Mi respuesta es directa:

La magia no es una competición. ¿Has realizado un ritual
muy complejo que implica dominar varios idiomas y haber conseguido
materiales caros o difíciles de obtener?
Toma tu medalla, tu pin o tu gomet. ¡Bien por ti!

¿Por qué no todos los magos explican las cosas tan claro como Echols? Cuando alguien se empieza a interesar por la magia desde cero me suele comentar que ha intentado leer obras de ocultistas y magos relevantes (Blavatsky, John Dee, Aleister Crowley, Dion Fortune, Anton LaVey, Gerald Gardner o Eliphas Lévi entre otros) y que le ha resultado un ejercicio abrumador e incluso imposible de descifrar.

Es posible que te enfrentes a textos complicados y que tengas la sensación de no entender nada. Si estás en ese punto, no te desanimes. Cierra ese libro y ve a por el siguiente, podrás intentar leerlo más adelante. ¡Nadie nace sabiendo!

No te voy a preguntar cuántos años tienes, pero si te acercas a mi edad seguro que recuerdas los programas de televisión en los años 90, que entrevistaban a supuestos videntes, magos y brujas. Solían ir vestidos de colores y sufrir trances histriónicos. Decían que lanzaban maldiciones y que te «ponían velas negras».

Horrorizada, pedí a gente de mi entorno que me recomendara libros sobre magia y brujería escritos por gente que tuviera todos los patitos en fila (o que al menos lo pareciera). Ahí me empezaron a llover títulos de estudios antropológicos, históricos, sociológicos y filosóficos, entre otras disciplinas. Pensaba que había encontrado la solución a todos mis males. Inocente.

Cuando asomé el morro en la parte académica a raíz
de la práctica, pensé: «menudo jardín, Maricarmen».
Por un lado, me gustó reconocerme en pensamientos y prácticas
ancestrales, me sentí muy acompañada. Por otro, tuve que navegar por
un océano de teorías, investigaciones y estudios susceptibles
de ser rebatidos por ejercicios posteriores, lo cual me provocó
cierta inquietud.

Por este motivo, sobre las definiciones de magia y brujería me gustaría compartir reflexiones y obras de distintos académicos e investigadores que han aportado sus conclusiones desde un punto de vista de observador externo, no de practicante[5].

En el mundo académico, si el estudio se realiza desde el punto de vista del observador se conoce como ETIC. Su término opuesto es

---

5   La distinción entre ETIC y EMIC se originó en lingüística en la década de 1950, para designar dos puntos de vista complementarios en el análisis del lenguaje y el comportamiento humanos. Desde entonces ha sido objeto de debate en las humanidades y las ciencias sociales. El promotor de estos términos fue el antropólogo y lingüista estadounidense Kenneth Pike(1912-2000) en su obra *Language in Relation to Unified Theory of Structure of Human Behavior* (1967) y provienen de las palabras *phonetics* y *phonemics* (*phonETICs - phonEMICs*). ETIC pasó a representar la ambición de establecer un enfoque científico objetivo para el estudio de la cultura, mientras que EMIC se refiere al objetivo de comprender el mundo según los puntos de vista particulares de los interlocutores. Para más información véase: Mostowlansky, T., & Rota, A. (2020). *Emic and etic*. Cambridge encyclopedia of anthropology. https://doi.org/10.29164/20emicetic (consultado por última vez: 28/08/2023)

EMIC, es decir, desde el punto de vista de alguien que está dentro de ese contexto y no fuera.

Pensaba que los estudiosos académicos debatirían sus opiniones en el salón de té, levantando el meñique y cruzando las piernas con elegancia. Ilusa de mí.

Para comenzar, me recomendaron leer los trabajos de los antropólogos Edward B. Tylor y su discípulo James George Frazer, citados hasta la saciedad por académicos y practicantes a partes iguales. Seguro que si te has interesado por la magia te suenan sus nombres. Tylor, en su obra *Cultura primitiva*[6] publicada en 1871, define la magia como un error de involución y pseudociencia, en contraste con la ciencia que se basa en conocimientos demostrables.

Frazer va un paso más allá en su obra *La rama dorada*[7], afirmando que los principios de pensamiento, en los que se basa la magia, se pueden resumir en dos leyes. Por una parte, la ley de semejanza, que supone la base de la «magia homeopática»[8] o «magia imitativa» (lo semejante produce lo semejante o un efecto se asemeja a su causa, un ejemplo de este tipo de magia serían las *historiolas*, concepto que aclararé más adelante); y por otra parte plantea la ley de contacto o contagio (las cosas que han estado en contacto siguen teniendo efecto la una sobre la otra, aunque se corte el contacto físico, lo que en los textos mágicos se conoce como *ousia*[9]). Según el antropólogo, estas dos ramas o leyes de la magia pueden englobarse bajo el nombre general de «magia simpática[10]».

---

6   Tylor, E. B. (2010). *Primitive culture: Researches into the Development of Mythology, Philosophy, Religion, Art, and Custom.* Cambridge University Press.

7   Frazer, J. G. (1951). *La rama dorada: magia y religión.* Fondo de Cultura Económica USA.

8   En su obra *Ancient Greek: love magic*, Christopher A. Faraone (1999: 42) emplea la expresión *persuasive analogy*, ya que los términos de simpatía y homeopatía han sido muy criticados por tratarse de conceptos problemáticos.

9   Este término griego se emplea para denominar a las partes separadas de una persona, como el cabello, las uñas o la piel entre otras. La esencia o las energías de la persona residen en estos elementos, por lo cual el practicante puede realizar su trabajo mágico, aunque la persona no se encuentre presente. Por este motivo, en los amarres se suele trabajar con pertenencias o elementos orgánicos de la persona objetivo del ritual.

10 La encontrarás escrita como magia simpática o magia simpatética debido a la traducción francesa de Lilly Frazer.

Yo en ese punto era feliz, porque creía que había llegado al final del camino, que había encontrado una respuesta final a la que agarrarme. ¡Qué bien! Así que «magia simpática», como yo. Todo encajaba. Además, esos principios los encontraba (y siguen) muy presentes en los manuales de brujería moderna, ¿qué podía salir mal? Pues seguir leyendo, eso es lo que salió mal.

Avancé en la lectura y llegué a la parte en la que Frazer propone una gradación de evolución cultural en la que la magia representa su estado menos evolucionado, la religión un estado intermedio y la ciencia el estado superior. Él afirma que la magia precedió a la religión en la evolución de la humanidad y que persiste como una creencia universal en la eficacia de la magia, especialmente entre personas ignorantes y supersticiosas.

Autores contemporáneos a él, como Hubert y Mauss[11], tachan la concepción de la magia por parte de Frazer (y de paso la de otro académico, Frank Byron Jevons) de reduccionista, ya que no toda la magia puede considerarse simpática. Hubert y Mauss sostienen que Frazer y Jevons dejaron al margen una cantidad considerable de prácticas consideradas mágicas, como las invocaciones y los rituales en los que intervienen demonios propiamente dichos[12].

Repasando mentalmente algunas de mis prácticas mágicas, me di cuenta de que, efectivamente, no todas se podían englobar en los principios postulados por Frazer. Estaba totalmente de acuerdo con los académicos franceses, sin ser yo nada de eso.

Como antes que bruja soy maruja, no te negaré que todo este *beef* académico a mí me daba la vida y me animaba a seguir leyendo. También me reconfortaba comprobar cómo en todos sitios cuecen habas y que nadie, por muy experto que sea, está exento de recibir críticas.

Frazer asocia lo primitivo con las falsas creencias, algo a lo que se oponen autores como Ludwig Wittgenstein (Viena, 1889-1951), que sostiene que las creencias del hombre primitivo son lo que puede considerarse verdadero.

---

11   Hubert, H – Mauss, M. (1991). *Origine dei poteri magici nelle società australiane.*
12   HUBERT, H., & MAUSS, M. (1902). *Esquisse d'une théorie générale de la magie.* *L'Année Sociologique (1896/1897-1924/1925)*, 7, 1–146. http://www.jstor.org/stable/27881605

Acercarse a la magia desde un punto de vista académico
permite tomar distancia del tema y plantearse reflexiones
que quizás no se nos habrían ocurrido por nuestra cuenta.
En momentos en los que pensaba que estaba perdiendo pie
con la realidad, encontrar prácticas similares descritas
por observadores no practicantes me hacía sentir
muy acompañada.

Cabe destacar que las teorías de Frazer se sustentan en testimonios e informes de misioneros y viajeros occidentales, no de trabajo de campo personal. Podemos apreciar que estas conclusiones parten de una visión ETIC y están influidas por las teorías evolucionistas de la época, algo que de nuevo critica Wittgenstein (2001: 57):

«¡Qué estrecha es la vida del espíritu para Frazer! Y consecuentemente: ¡qué incapacidad para comprender una vida que no sea la de un inglés de su tiempo! […] Frazer no se puede imaginar un sacerdote que no sea, en el fondo, como un párroco inglés de nuestros días, con toda su imbecilidad y mediocridad. […] Frazer es mucho más salvaje que la mayoría de salvajes, puesto que estos no estarían tan alejados de la comprensión de algo espiritual como lo está un inglés del siglo xx»[13].

Imagínate a Wittgenstein con Twitter, menudo peligro.

Respecto a la consideración de que la magia es anterior a la religión, numerosos académicos encuentran esta afirmación errónea, como Raffaele Pettazzoni, quien en su obra *Essays on the History of Religions* (1954: 20) afirma que la humanidad primitiva ya era una humanidad religiosa y que nunca hubo una época mágica anterior a la religión, al igual que nunca hubo una época religiosa anterior a la magia[14].

Este planteamiento es muy interesante, ya que, en la Antigüedad, existían algunos ritos cuya frontera entre religión y magia era difusa, como en el caso de las *judicial prayers*. Estas «reclamaciones de justicia divina» eran peticiones legítimas, una práctica ritual liminal que,

---

13   Wittgenstein, L. (2001), *Observaciones a La Rama Dorada de Frazer*, Madrid, Tecnos.
14   Pettazzoni, R. (1954) *Essays on the History of Religions*, Leiden.

en su día, se consideró un acto religioso y que ahora se considera un acto mágico. Se trataba de actos de poder ritual que, en ocasiones, seguían los parámetros formales de las maldiciones, pero también tenían características particulares que nos obligan a tratarlas aparte.

Por casos de este tipo, la magia se convirtió en un fenómeno difícil de entender y categorizar. Entonces, ¿qué hago con las leyes que he leído en tantos textos, explicando los principios de la magia y/o la brujería? ¿Aplican o no aplican? ¿Las mantengo en mi práctica o las descarto? Amiga, date cuenta:

Debes desarrollar criterio propio y hacerle caso a tu intuición. La respuesta más fácil con la que estarán de acuerdo mis colegas practicantes de magia del caos y también los de consultoría es: «Si funciona, no lo toques». Si operas bajo una convicción firme, concentras toda tu atención y energía en producir cambios en la realidad en base a tu voluntad y empleas unos parámetros acordes a tu coherencia interna cuyos resultados te satisfacen, no tires a la basura todo tu trabajo. No modifiques tu práctica para ganarte la aprobación de alguien que, en el mejor de los casos, estará igual o más perdido que tú. Todo el mundo anda en busca de respuestas y hacer las preguntas apropiadas te lleva a lugares de aprendizaje muy profundo.

La pregunta que surge a continuación es: ¿Realmente necesitas una definición de magia y brujería para adentrarte en su práctica?

Como ves, no existe una única definición de magia, más allá de los diccionarios oficiales de cada lengua. No hay una sola forma válida de vivirla ni de entenderla. La realidad es susceptible de cambios y los conceptos y definiciones de magia y brujería también.

Te recomiendo el trabajo de Kimberly B. Stratton, Doctora en Historia de las Religiones en la Antigüedad tardía, relacionado con la figura de la bruja.

En su libro *Naming the Witch: Magic, Ideology & Stereotype in the Ancient World*[15] Stratton afirma que, a lo largo de varios siglos, los estereotipos del mago y la bruja se fueron construyendo en la cultura occidental coincidiendo con el surgimiento de ideas acerca de la desviación ritual y el acceso no legítimo al poder sagrado.

---

15 Stratton, K. B. (2007). *Naming the Witch: Magic, Ideology, & Stereotype in the Ancient World.*

Según Stratton, se desarrolló un discurso de alteridad que tuvo su origen en la Grecia del siglo V a. C., perduró como una estrategia de marginación hasta la era moderna y continúa influyendo en las conversaciones actuales sobre culturas y creencias extranjeras, funcionando como contraste para conceptos como racionalidad, religión y ciencia.

En sus inicios, este discurso empleó una combinación de términos que describían actividades rituales extranjeras, ilegítimas, subversivas o peligrosas, y fusionó estos términos en una poderosa constelación de significados. Esta constelación es la que Stratton denomina con el término «magia» (2007: 2).

¿Estás de acuerdo con estas definiciones y conclusiones sobre magia y brujería? En cualquier caso, te animo y recomiendo lo siguiente:

Escribe tu propio libro. Puedes leer todos los tratados mágicos que existan, todas las publicaciones de autores esotéricos a lo largo de la historia, pero lo importante es encontrar tu propia voz y construir tu propia práctica.

Este es el caso de Júlia Carreras con su obra *Vienen de noche. Estudio sobre las brujas y la otredad*[16]. En sus propias palabras:

«Escribí este libro para entender lo que sustenta mi práctica, lo que se esconde tras cada una de las cosas que hago y que repito una y otra vez. Pues un libro es una búsqueda, también es un trabajo mágico de concreción y manifestación».

Puedes leer todos los libros escritos sobre magia y brujería, para comprobar que no existe una definición unívoca de qué es magia ni brujería.

— Gracias, Sére.
— De nada.

---

16 Tort, J. C. (2022). *Vienen de noche: estudio sobre las brujas y la otredad.*

Resumen: no busques verdades inamovibles en definiciones ajenas, úsalas para llegar a tus propias conclusiones basadas en tu experiencia y en tu forma de entender el mundo.

Que conste que te avisé de que este es un Libro Compañero, cuyo objetivo es aportar reflexiones, consejos y lecturas en base a mi experiencia, no un manual ni un libro tutor. Este libro solo intenta hacerte ver que:

> *La única condición para hacer magia es que sea tu voluntad hacerla.*
> *Como mi voluntad siempre fue compaginar la vida mágica con la*
> *mundana, mi acercamiento teórico inicial*
> *se basó en trabajos de investigación de corte académico,*
> *para empezar desde una zona común y aséptica.*
> *La idea era etiquetar conceptos de mi práctica*
> *y allanar el camino para leer textos de otros practicantes.*

Una vez más, no he descubierto la rueda, es algo muy común en el esoterismo contemporáneo. Andrés Piquer, profesor de la Universidad Complutense de Madrid y Doctor en Filología Hebrea, utiliza la expresión «subjetivación del procedimiento mágico» para referirse a la propuesta actual de construir nuestros propios rituales, conjuros y espacios de práctica.

> *Explora tradiciones con las que te sientas afín*
> *(pueden ser desde costumbres, dichos familiares o fiestas*
> *de tu región hasta rituales de una práctica espiritual concreta),*
> *reproduce las indicaciones, pasos o técnicas que describen,*
> *observa los resultados que producen tanto en ti como en*
> *tu entorno y añade (o no) aquello que consideres oportuno*
> *en base a tus vivencias personales.*

¿Pero cómo puedes llegar a ese punto? Te puedes remontar a los primeros vestigios de la magia de los que tenemos testimonio en la antigua Mesopotamia, a las prácticas de la Grecia y la Roma de la Antigüedad, a las tradiciones orientales milenarias, solo tú puedes elegir tus referentes en base a tu experiencia, tu contexto social y personal, tu momento espiritual y tu intuición. Por eso es tan necesario el autoconocimiento, porque somos nuestro propio punto de partida.

Se puede transmitir el conocimiento mágico de manera jerarquizada, formando parte de un grupo espiritual con un corpus e itinerario determinados o bien de manera más personal, sin una estructura fija, a través de maestros de distintas disciplinas con los que conversamos de temas específicos y aprendemos tradiciones, enfoques y prácticas concretas.

También puedes alternar ambas formas. Tengo amigos *wiccanos* que a la vez son magos del caos y ambas facetas se nutren entre ellas. Recuerda no hay una sola manera de hacer las cosas y no eres mejor o peor bruja o mago por formar parte de un grupo o recorrer tu camino de manera más solitaria.

ARTE Y MAGIA: CREACIÓN Y TRANSFORMACIÓN

Tan solo escribir «arte y magia» provoca que se me acelere el corazón. Se amontonan en mi cabeza nombres como William Blake, Austin Osman Spare, Margaret Ithell Colquhoun o Rosaleen Norton y me vienen a la mente palabras, ideas y vivencias creando una corriente de energía que me recorre el cuerpo de pies a cabeza.

La creación artística forma parte de quien soy, en diversas manifestaciones y grados de exposición. Le confiero la misma importancia a los procesos creativos que desarrollo en la intimidad de mi hogar como a los actos performativos que llevo a cabo sobre los escenarios. Considero indescriptible la profundidad de cada acto, la intención y la transformación que se produce tanto en mí como en las personas que observan y forman parte de la experiencia artístico-mágica.

Lo más probable es que pienses que, en tu vida cotidiana, no haces magia (deja de soplar velas en tu cumpleaños, ejem) y de repente recuerdes esa nana que le cantas a tu peque antes de dormir para que se calme y duerma en paz, o esos poemas que escribes en los que vuelcas tus sentimientos y no te atreves a enseñar a nadie o esos dibujos en los que plasmas tus emociones, pensamientos y visiones y guardas en una carpeta a buen recaudo.

¿Te cuento algo? A lo largo de la historia, numerosos investigadores afirman que, a la figura del mago, se le atribuye una agencia creadora y transformadora… ¿Y qué hay más creador y transformador que el arte?

En su obra *El arte mágico*[17], publicado por primera vez en 1957, el poeta, ensayista, académico y padre del movimiento surrealista francés André Bretón plantea una cuestión capital: ¿tiene el arte la capacidad de cambiar la vida? El resultado de esta pregunta es un libro exquisito que presenta una historia global del arte, desde sus inicios prehistóricos hasta mediados de los años 50, junto con una rica iconografía y que concluye con una sección en la que aborda el valor y la relevancia de la magia.

La cuestión de si el arte tiene la capacidad de cambiar la vida se la han preguntado otros muchos creadores e investigadores a lo largo de la historia. A nivel personal, te invito a preguntarte lo siguiente:

¿Hay alguna canción, película, obra literaria o pictórica que te haya cambiado la vida?

Ahí tienes tu respuesta.

Hace poco leí algo que compartió en su Tumblr Neil Gaiman, uno de mis referentes vitales y cuya obra *The Sandman*[18] cambió mi vida mundana y mágica. Un seguidor le dejó un comentario en el que le preguntaba lo siguiente:

«A juzgar por algunos de tus libros, parece que crees en la magia de verdad verdadera, ¿es así?».

Neil Gaiman respondió:

«Puedo escribir unas pocas palabras y hacer que personas a miles de kilómetros de distancia, a quienes nunca he conocido ni conoceré, rían con lágrimas de alegría y lloren con lágrimas de verdadero dolor por

---

17 Breton, A. (2019). *El arte mágico*.
18 *The Sandman* es un cómic escrito por Neil Gaiman y compuesto originalmente por una serie 75 números, publicados entre 1989 y 1996. El protagonista principal es Sueño (también llamado Sandman, Morfeo, el Señor de los Sueños, etc.), cuya narración se desarrolla en las tierras del sueño, la vigilia, la historia, la leyenda, la fantasía y la mitología.

personas que no existen, que nunca han existido y que nunca existirán. Si eso no es magia de verdad verdadera, no sé qué es».

Estoy de pie, aplaudiendo en pijama.

Cuando hablo de arte y magia con amigos con perfiles mágico-artísticos como Sabrinarguez, meiga del caos y artista multidisciplinar, solemos llegar a conclusiones parecidas. La creación de un universo propio que transforma a quien lo crea y a quien lo contempla es un acto mágico en sí mismo. No es necesario tener una inmensa audiencia, ni supone que esa transformación sea solo válida si la producimos en personas con las que no tenemos vínculos. Crear, compartir, transformar.

Una de las decisiones que tomé al escribir el libro fue que no ahondaría en el tema onírico, ya que al ser uno de los pilares de mi trabajo artístico y mágico corría dos riesgos: o bien acaparar todas las páginas hablando sobre ello, o bien ofrecer una visión reducida con la que me sentiría insatisfecha.

Sin embargo, me gustaría comentar que mi realidad onírica forma parte de mi expresión artística y viceversa. Conforman un *ouroboros* creativo cuyo principio y fin es indistinguible.

Si soñamos algo y lo materializamos, ¿no estamos creando?, ¿no estamos transformando en tangible lo intangible? La realidad de vigilia y la realidad onírica están ligadas, los cambios que producimos en un lado tienen repercusión sobre el otro. Hay infinidad de artistas cuya obra se nutre de sueños, como Leonora Carrington, Remedios Varo, Renée Magritte, Salvador Dalí, Max Ernst o Francisco de Goya, entre otros.

No desprecies tus sueños, por insignificantes que te parezcan, nunca sabes qué cambios pueden producir en la realidad.

Para concluir con este apartado me gustaría citar a otro artista y mago a quien admiro profundamente, Alan Moore. Se escribirán miles de páginas sobre arte y magia, pero estas líneas se grabaron a fuego en mi mente y en mi corazón hace años, cuando leí *Ángeles Fósiles*[19]:

---

19 Moore, A. (2014). *Ángeles fósiles.*

«El poder del arte es inmediato, irrefutable e inmenso. Remueve la conciencia, ostensiblemente, tanto del artista como de su público. Puede cambiar la vida de los hombres y por consiguiente cambiar la historia y la sociedad misma. Puede inspirarnos a obrar prodigios o a cometer horrores. Puede ofrecerles a las mentes flexibles, jóvenes y en expansión espacios nuevos que habitar, o bien puede ofrecer consuelo a quienes están muriendo. Puede hacer que te enamores o bien hacer trizas de un plumazo la reputación de un ídolo, dejarlo maltrecho ante sus adoradores y muerto de cara a la posteridad. Puede conjurar a los demonios de Goya y a los ángeles de Rosetti y hacerlos visibles. Es al mismo tiempo la pesadilla de los tiranos y su herramienta más poderosa. Transforma el mundo que habitamos, cambia nuestra forma de ver el universo y de ver a quienes nos rodean y a nosotros mismos. ¿Qué ha reivindicado nunca la hechicería que el arte no haya conseguido ya de forma innegable?» (2014: 143).

Te hablo a ti, artista que estás leyendo estas líneas. Da igual que estés creando cosas que parecen pequeñas y las estés escondiendo en un cajón o que estés montando exposiciones internacionales. Sigue creando, sigue transformando… y lo más importante:

Plasma lo que nazca de las profundidades de tu ser,
no te pliegues a las leyes de un algoritmo que solo quiere
domesticar tu arte, sigue haciendo magia.

MAGIA Y CIENCIA: SALUD MENTAL, EL GRAN TABÚ EN EL MUNDO MÁGICO

Tengo amigas psicólogas que practican magia y me dicen que, en ocasiones, la magia les parece «psicología con purpurina».

Esta relación entre magia y psicología no es reciente. Por ejemplo, «La eficacia simbólica»[20] es un artículo escrito por el antropólogo belga Claude Lévi-Strauss, publicado en 1949 en *Revue de l'Histoire des Religions*.

---

20   Lévi-Strauss, C. (1949). «L'Efficacité Symbolique». *Revue de l'histoire Des Religions*, *135* (1), 5–27. http://www.jstor.org/stable/23665587

El artículo describe un ritual realizado por un chamán de la tribu de los *cuna*, originaria de Panamá, a petición de la partera que está asistiendo un alumbramiento muy complicado El antropólogo atribuye el éxito del acto a la eficacia simbólica y establece paralelismos entre el chamanismo y el psicoanálisis, ya que cuando la enferma llega a comprender, no solo se resigna, sino que se cura.

En la cura psicoanalítica el médico realiza las operaciones y el paciente produce su mito, en la cura chamanística los papeles se invierten: el chamán proporciona el mito[21] para que el paciente realice las operaciones debidas (Lévi-Strauss, 1949, p. 225):

> «De acuerdo con esta hipótesis o con cualquiera otra del mismo tipo la cura chamanística y la cura psicoanalítica se tornarían rigurosamente semejantes; se trataría en cada caso de inducir una transformación orgánica, consistente, en esencia, en una reorganización estructural, haciendo que el enfermo viva intensamente un mito —ya recibido, ya producido— y cuya estructura sería, en el plano del psiquismo inconsciente, análoga a aquella cuya formación se quiere obtener en el nivel del cuerpo. La eficacia simbólica consistiría precisamente en esta propiedad inductora que poseerían, unas con respecto a otras, ciertas estructuras formalmente homólogas capaces de constituirse, con materiales diferentes en diferentes niveles del ser vivo: procesos orgánicos, psiquismo inconsciente, pensamiento reflexivo. La metáfora poética proporciona un ejemplo familiar de este procedimiento inductor: pero su empleo corriente no le permite sobrepasar el psiquismo».

El antropólogo concluye que chamanes, hechiceros, psiquiatras y psicólogos podrían trabajar juntos. ¿No te parece una reflexión interesante?

---

21 Encontramos aquí un ejemplo del poder performativo y analógico del mito, al que hacen referencia diversos autores como Alvar Nuño, A. (2021), *Mito y magia* en González González M. & Romero Mariscal L. (2021), *Claves para la lectura del mito griego*, Madrid, Dykinson págs. 251-276. El relato de Lévi-Strauss nos describe una *historiola*, concepto mencionado anteriormente y que supone el ejemplo más claro de performatividad mágica. La *historiola* se trata de un acto de poder ritual, una narración similar a la realidad que yo quiero alterar (analogía). Al realizar esa narración, la realidad cambia por analogía. Para más información sobre el concepto de mito, recomiendo la obra del catedrático José Manuel Losada *Mitocrítica cultural: una definición del mito* (2022).

Como te decía antes, mis amigas psicólogas se refieren a la magia como «psicología con purpurina» porque comparten muchos conceptos, como el autoconocimiento, el *Locus* de Control Interno, el trabajo con la sombra, los arquetipos (¡hola, Campbell y Jung!) y otras prácticas muy similares.

Una de las cosas que me habría gustado leer desde el principio es la importancia de la salud mental en el camino de la magia. Este es un tema muy delicado y controvertido. A veces la gente pasa de puntillas sobre él o directamente obvia mencionarlo, pero a mí me parece muy importante.

No soy psicóloga ni psiquiatra, hablo desde mi experiencia en primera persona: mis luchas internas, ansiedad, depresión y fobias. Pero tranquilo todo el mundo, hace muchos años que pasé por ello y ahora estoy bien.

Y tú, ¿cómo te sientes? A veces me escribe gente comentando que transmito mucha paz y seguridad, pero lo que ven en realidad es el resultado de años durísimos. Por suerte, mi familia y amigos siempre me apoyaron y, aunque durante algunos años pasé por momentos muy desagradables, la vida —que aprieta, pero no ahoga— me puso delante a Manuel Berrocal, médico, terapeuta analítico y apasionado buscador de conocimiento.

Durante esa época tuve la fortuna de poder compartir mis inquietudes mágicas con él, que me daba su punto de vista, tanto psicológico como de experto en magia y brujería. Como buena empollona, apuntaba todas nuestras conversaciones y las repasaba cuando necesitaba consultar alguna cosa.

Racionalizar lo que me ocurría a nivel emocional y mental me llevó a la autoaceptación y reforzó mi práctica mágica.

SI TIENES DUDAS SOBRE TU ESTADO MENTAL O EMOCIONAL, CONSULTA CON ESPECIALISTAS Y COMPARTE TUS INQUIETUDES CON TU CÍRCULO DE CONFIANZA O TU COMUNIDAD. NO HAY NADA DE LO QUE AVERGONZARSE Y LA MENTE JUEGA UN PAPEL MUY IMPORTANTE EN LA MAGIA. HE CONOCIDO A PRACTICANTES QUE DEFIENDEN QUE LA MAGIA CONSISTE EN PERDER LA CORDURA, PERO YO NO ESTOY DE ACUERDO CON ESA AFIRMACIÓN, AL MENOS SI QUEREMOS SEGUIR TRANSITANDO ESTE LADO DE LA REALIDAD. PARA MÍ ES INDISPENSABLE OPERAR EN AMBAS

Por lo que he estudiado, leído y, sobre todo, por mi experiencia personal, opino que la relación entre la magia y la salud mental es muy estrecha. Por ejemplo, en la magia del caos se señala la importancia del trabajo con el consciente y el subconsciente.

Si nuestro subconsciente está bombardeado por ideas intrusivas, sensaciones y percepciones disruptivas (como ocurrió durante una época de mi vida), el sendero de la magia será más difícil de discernir. En mi caso, tuve que aprender a distinguir entre lo que generaba mi cerebro, a raíz de las hormonas liberadas en la sangre ante el estrés, y lo que realmente percibía a través del «ojo de la mente»[22].

Imagina que ves a una persona que *en realidad* no está ahí, que oyes voces de gente que no se encuentra en la habitación, una melodía que solo tú la escuchas. ¿Cómo lo vivirías si no tuvieras claro su origen? ¿Qué harías con estas experiencias?

El concepto de salud mental parece un cajón de sastre donde todo cabe; un ente abstracto e inmaterial que no se define de manera precisa, pero básicamente incluye nuestro bienestar emocional, psicológico y social (que engloba elementos como familia, amistades, parejas o grupos de trabajo, entre otros).

No somos elementos aislados, sino que formamos parte de un sistema en el que nos relacionamos de distintas formas, pero lo importante es priorizar nuestro bienestar. No se trata de hacer lo posible por *encajar* en la sociedad o sistema ni de vivir en la perpetua *happymania* que nos quieren imponer, sino de que, nuestra forma de relacionarnos con nosotras y nosotros mismos y con el sistema sea coherente y nos aporte.

Está claro que no siempre vamos a sentirnos bien con el sistema o en él, sobre todo cuando el marketing está orientado a crear miedo, deseo, carencias y dependencias para que las suplamos comprando

---

22 «En la vigilia también puede ocurrir que, de pronto, nos asalten imágenes similares, que no vemos con nuestros dos ojos sino con algo a lo que en la Edad Media se referían con "expresiones muy bonitas", dice Victoria, "como el ojo del corazón, el ojo de la mente, el ojo interior, el ojo visionario"». Davies, S. (2023). *La experiencia visionaria. Victoria Cirlot.* https://psicocymatica.com/2020/la-experiencia-visionaria-victoria-cirlot/ (Consultado por última vez: 28/08/2023)

productos. Podemos dar un paso atrás, ver los hilos que unen la realidad que queremos transformar, decidir cuál es nuestra voluntad y comprometernos con ese objetivo.

Cuando me sentía desorientada en este lado de la realidad, volvía a repasar los apuntes y ejercicios que me proponía Manuel. Uno de los más potentes era este, en el que me planteaba preguntas y tenía que escribir las respuestas a mano en un papel (esta condición era obligatoria):

¿En qué grado me conozco?

¿En qué grado me comprendo?

¿En qué grado me acepto?

¿Qué me da miedo?

¿Qué me causa dolor?

¿Qué me hace feliz?

¿Qué espero de mi familia?

¿Qué espero de mis amistades?

¿Qué espero de mis parejas?

¿Qué espero de la sociedad?

Después de reflexionar sobre ellas, lanzaba la pregunta más poderosa de todas:

¿Por qué?

Y esta me llevaba a la pregunta definitiva:

¿Para qué?

El propósito de este ejercicio reflexivo es obtener información. Sin juzgarme, sin machacarme. Tenemos derecho a ser diferentes, a no querer una vida de pareja perfecta, casa con jardín, hijos, perro y coche. Lo mismo ocurre con la magia… es una experiencia, una forma de vida y no hay solo una manera *válida* de vivirla.

Si aplicas patrones rígidos a tu vida cotidiana, es posible que reproduzcas este esquema en tu práctica mágica.

Puedes llevar un camino íntimo y solitario, practicar en comunidad o tener tu propia red de apoyo, pero siempre será más fácil si primero nos conocemos en profundidad. Si estás pensando iniciarte en la magia, plantéate las preguntas anteriores y añade esta última:

¿QUÉ ESPERO DE LA MAGIA?

Y una vez contestada, responde:

¿POR QUÉ?
¿PARA QUÉ?

También es importante que, al elaborar la lista de tareas que tenemos por delante, pensemos si es lo que *queremos* hacer o lo que *tenemos* que hacer.

Ahora rescato de nuevo las enseñanzas más valiosas de Manuel, que fui atesorando en forma de apuntes y te comparto unos ejemplos de distinciones relacionadas con la salud mental que me han servido para avanzar e integrar mi práctica mágica. Son solo dos, pero hay tantas como inquietudes tenga cada persona y sería interesante que te plantearas las tuyas propias para trabajar en esa dirección. ¡Allá van!

¿INTENCIÓN U OBSESIÓN?

No te asustes, no voy a ponerme a cantar *reggaeton*, al menos de momento. Cuando trabajamos la intención para destilar la voluntad y plasmarla en un sigilo, el penúltimo paso es destruir ese sigilo (también explicaré un poco más adelante el tema de los sigilos). A esta acción la llamamos «liberar el sigilo». ¿Cuál es el último paso? Pues algo tan sencillo y tan difícil como olvidar el sigilo para que desaparezca del nivel consciente y comience a trabajar a nivel subconsciente.

Olvidar. Qué gran palabra y qué concepto tan difícil. A veces, nuestra intención, voluntad o deseo es tan profundo que lo tenemos presente en todo momento. En principio no sería algo de lo que preocuparse, pero si nos levantamos pensando en ello, hacemos cualquier cosa con esto en mente, nos quita el sueño y genera emociones que podríamos calificar de *perturbadoras*, podríamos estar hablando de obsesión.

Si no podemos olvidar un sigilo, ¿cómo vamos a completar el ritual para liberarlo? ¿Cómo vamos a borrarlo del consciente para que trabaje el subconsciente, si no hay forma de dejar de pensar en él?

Te cuento una anécdota: siempre he tenido muy buena memoria. De pequeña, cuando algo me llamaba la atención me quedaba enseguida con el detalle grabado en la mente. Podían pasar años y yo seguía recordándolo como si fuera ayer, pero solo cuando me hacía falta. El problema vino cuando de repente, ya de adulta, perdí la capacidad de *archivar* ese detalle, momento o situación y lo recreaba una y otra vez en mi cabeza, reviviendo las emociones y sentimientos relacionados, como si estuviese ocurriendo a tiempo real.

Poco a poco, fue pasando no solo con las cosas importantes, sino también con minucias o incluso con anécdotas de escasa relevancia. Centrifugaba mil detalles en mi mente, generando variantes, posibilidades y escenarios distintos. Llegó un momento en el que dejé de hacer sigilos porque podía permanecer horas con la imagen grabada, día y noche y con la idea dando vueltas a mi cabeza sin cesar.

Este fue uno de los indicadores más claros para buscar asesoramiento profesional. Tener tantas ideas, imágenes, vivencias y experiencias presentes de manera simultánea y constante era agotador. No poder cortar un hilo de pensamiento de manera voluntaria fue lo que determinó que había alcanzado el nivel de obsesión. Recibir estímulos de este plano y del otro no ayudaba a la situación. Sobre todo, cuando llegué al punto de fusionar estados alterados de conciencia y desajuste emocional, como cuento a continuación.

ESTADOS ALTERADOS DE CONCIENCIA Y ANSIEDAD

Este es un tema candente en algunas conversaciones, ya que se pueden dar ambos cuadros a la vez y no son excluyentes. Hubo un momento de mi vida en el que un estado alterado de conciencia (no inducido por ninguna sustancia) podía desembocar en un pico de ansiedad o viceversa.

En principio no tendría por qué ser desagradable, pero por lo general el pico de ansiedad luego venía acompañado por pensamientos negativos en bucle o sensaciones muy extremas, como la certeza de que me estaba dando un ictus, un infarto o que me iba a desmayar.

También había momentos en los que la famosa expresión «mente en blanco» se aplicaba de manera literal. En ese punto, de nuevo asesorada por Manuel y mi entorno, decidí acudir a un psicólogo conductista para detectar situaciones gatillo, gestionar las fases de los ataques de pánico y prevenirlos. No quiere decir que nunca en la vida vaya a volver a pasarlos, pero sí que sé distinguir sin duda cuando lo que percibo es «independiente de mi biología», por decirlo de alguna manera.

Han pasado muchos años de eso, pero todavía recuerdo que fue un proceso duro, en el que comprobé en primera persona cómo la magia y la ciencia pueden y deben trabajar de la mano. El trabajo psicológico mejoró mi vida mundana y reforzó la mágica. El trabajo mágico sirvió de motivación e inspiración para continuar con el psicológico cuando el avance resultaba difícil. Poco a poco llegué al punto de equilibrio y autoconocimiento que me permitió diferenciar ambas facetas y permitir su sinergia.

A base de observar, anotar y evaluar mis vivencias, desarrollé la certeza de que la *textura* de las experiencias mágicas es muy diferente. Además, al estar segura de que no han sido *generadas por mí*, empecé a vivirlas con más plenitud, observarlas desde fuera, zambullirme en ellas, describirlas de una forma más o menos aséptica y también identificar las sensaciones que me producen. Todo ello lo gestiono como información y pongo a la razón y a la intuición a trabajar juntas.

La magia y la salud mental no son enemigas, sino aliadas. Espero que compartir mis apuntes de Manuel y mis experiencias te haya reconfortado y animado a cuidar tu salud mental, a eliminar prejuicios sobre la magia y a darte un empujón para iniciar tu andadura mágica, si es lo que deseas.

MARKETING: EL ROI DE LA MAGIA

Al iniciar el camino de la magia, el principal problema que comentan algunas personas sobre los cursos, libros de hechizos y rituales que adquieren es que cuando los terminan y ponen en práctica lo aprendido siguen necesitando otros textos e instrucciones con material nuevo, aunque todos les digan que sigan su intuición.

Nada más acabar la lectura se ven puntualmente empoderados y motivados, pero a la larga se sienten desvalidos y acaban volviendo a buscar referentes, manuales, cursos, o lo que sientan que les hace falta.

Esto puede ocurrir por varios motivos: porque quien ofrece esos materiales busca crear una dependencia en sus clientes o alumnos para continuar vendiendo o porque quien recibe estas enseñanzas no ha desarrollado un criterio propio, tiene una autoestima baja con respecto a sus capacidades o siente miedo de adentrarse en un sendero donde cada cual confecciona su propio mapa, sabiendo además que, como dije antes, el mapa no es el territorio.

Recuerda que el maestro proporciona herramientas,
no induce carencias ni dependencias.

Este fenómeno no es nuevo y no ocurre solo con la magia; el marketing se basa en el miedo y el deseo para conseguir ventas en cualquier sector, pero ahora las redes sociales han entrado en juego, el bombardeo es constante y no es fácil escapar de su influjo.

Mi forma de comprender su impacto en la práctica mágica fue identificando y etiquetando tres conceptos que me han servido hasta la fecha, basados en las técnicas de marketing que iba observando —e incluso sufriendo— respecto a la magia y las consecuencias psicológicas que me producían. Como dicen en euskera: *Izena duenak izana du*, «lo que tiene nombre existe».

Al ponerle un nombre de andar por casa a esos conceptos me fue más fácil relacionarme con ellos y ver qué aprendizajes obtenía. Aquí te los dejo, por si te sirven:

— FUNCIONARIADO DE LA MAGIA: hay gente que parece empeñada en burocratizar la práctica mágica. Pueden incluso afirmar que una práctica no es válida si no se realiza de tal o cual forma, siguiendo un calendario concreto, empleando elementos o artefactos específicos. La *nación cuñada* acecha en todas las esquinas. Suelen comentar enfoques ajenos, señalar las faltas de otros practicantes o intentar imponer su hoja de ruta. Nadie tiene que validar tu práctica ni someterla a esquemas rígidos. En este caso, lo que hago es asentir e ignorar. No pierdas el tiempo discutiendo, reserva esa energía para volcarla en tus proyectos. Estoy segura de que tienes cosas mejores que hacer que enzarzarte en interminables discusiones en redes sociales. Menos discusión y más creación.

— BARBECHO MÁGICO: a veces no apetece celebrar ciertas fechas o realizar rituales concretos. Puede ser que nos haya quemado el FOMO mágico (miedo a perdernos un acontecimiento astrológico relevante, una festividad concreta o incluso un conocimiento secreto como dice Laura Tempest[23]). También es posible que la vida mundana nos exija un esfuerzo extra que nos drena la energía. No hace falta alardes para practicar magia. Unos sencillos ejercicios de respiración, meditación o visualización pueden ser suficientes. El barbecho es una técnica propia de la agricultura, que busca recuperar la fertilidad de un terreno dejándolo sin sembrar durante un periodo de tiempo. Igual que el barbecho agrícola busca evitar el agotamiento del terreno, el barbecho mágico evita que acabemos exhaustas por forzarnos a realizar actos de poder ritual para conseguir objetivos de manera constante. Relájate, mira tu película favorita, lee un libro que tengas en la pila de pendientes, haz algo que te reporte felicidad y tranquilidad. Todo está bien, no necesitas forzar la máquina, el descanso es parte fundamental del trabajo (no solo mágico, sino de cualquier índole).

— ROI DE LA MAGIA: la pregunta del millón que se plantean muchos practicantes, sobre todo en sus inicios: ¿cómo sé que estoy obteniendo resultados? A mí me sirve adoptar el punto de vista de la gestión de proyectos. El acrónimo ROI se refiere a la expresión *Return on Investment*, que se traduce como «retorno de la inversión». Dicho en palabras llanas, es la forma de saber si lo que hemos hecho ha merecido la pena. La fórmula básica en el ámbito empresarial hace balance entre las ganancias obtenidas y el costo de la inversión. Yo lo traslado al ámbito mágico y hago balance de los resultados obtenidos (tangibles e intangibles) y mi esfuerzo dedicado (mental, físico y emocional). Pero, ¿cómo medimos los

---

23   En la preparación de este libro, una amiga me avisó de que la artista y bruja Laura Tempest, en su libro *Weave the liminal: living modern traditional witchcraft* indica que uno de los problemas comunes que se encuentran aquellos que inician su camino es «el miedo a perderse algo maravilloso» (*fear of missing out*) en relación a un conocimiento secreto.

resultados de la magia? Cuando queremos planificar, gestionar y evaluar un proyecto, necesitamos unos objetivos bien definidos y un punto de referencia inicial o *baseline*. Estos parámetros los puedes aplicar también a la magia (si quieres), de tal forma que puedes identificar tu punto de partida antes de realizar un acto mágico y observar los cambios materiales e inmateriales que se han producido como consecuencia de esa acción. A veces serán muy obvios, a veces serán sutiles, en ocasiones no notarás nada o incluso hilarás sucesos más adelante. En cualquier caso, cualquier practicante te recomendará que registres tus experiencias en tu Diario Mágico[24] para poder analizarlas y evaluarlas posteriormente. El *baseline* en este caso consiste en saber cuál era tu estado inicial (puedes describirlo desde un punto de vista material e inmaterial) y cuál es el estado actual, después del acto mágico. Por ejemplo, Hine habla de crear un «marco de referencia simbólico» que nos ayude a situarnos (1995: 45). Conviene también reflexionar sobre dónde queremos dirigirnos para ir pensando en los siguientes pasos. Hay personas que acusan a los practicantes de magia del caos de ser vagos, pero quizás es porque desconocen el constante proceso de evaluación y autoconocimiento que implica, con todas sus consecuencias.

De nuevo, ninguna de estas reflexiones está escrita en piedra, ni ofrezco certezas a las que solo yo he llegado, fruto de un momento de iluminación. No es raro que llegues a conclusiones interesantes tras un trabajo personal extenso y profundo para acabar descubriendo que otros llegaron a la misma conclusión antes que tú. Cuando esto me ocurre, recuerdo las palabras de Margaret Mead, antropóloga y poetisa estadounidense:

Always remember that you are absolutely unique…

Just like everyone else.

(Recuerda siempre que eres absolutamente único...

Igual que los demás.)

---

24 Por ejemplo, Phil Hine en su libro *Condensed Chaos: An introduction to chaos magic* (1995) propone una serie de puntos básicos que incluyen detallar lo que se ha realizado, cuánto ha durado, dónde se ha realizado, cualquier clima, fase lunar o conjunciones astrológicas pertinentes (si sientes que son significativas para ti), cómo sentiste que ha ido, cualquier idea que haya surgido y cualquier otro comentario que quieras añadir.

Alégrate de descubrir experiencias comunes a la tuya, pensamientos y posturas afines, porque es reconfortante.

Otra de las cosas que he llegado a apreciar y a sentir, tanto en la vigilia como en el sueño, es que formamos parte de algo más grande —como las fibras de un tejido que conforma las distintas realidades— y que no hay mayor motor de creación que el amor. Esta última afirmación es básicamente lo que postulan todas las religiones y corrientes espirituales del mundo, cada una expresándolo a su forma.

Este camino puede ser muy solitario, pero cuando eres consciente del valor de tu comunidad, en la que puedes aportar y recibir apoyo, la energía es increíble. En una acción mágica que realicé de forma grupal y pública, afirmé de forma rotunda: «el futuro será comunitario o no será». Lo sigo manteniendo.

Aunque pierdas la fe en el ente abstracto que llamamos sociedad, nunca dejes de cuidar tu comunidad.

Si has llegado a este punto del libro, a estas alturas sabrás que los hechizos y rituales que voy a compartir contigo no son el *santo grial de la magia*, sino una manera de mostrarte que ahora que has decidido compaginar tu vida mundana con la mágica, lo importante es simplificar y más adelante elaborar.

HECHIZOS Y RITUALES DE UNA BRUJA DEL CAOS

Aquí estamos, a punto de ponernos manos a la obra. Recuerda que este libro es una conversación con la bata cruzada, en una cocina con alguien mayor friendo croquetas, mirándote a los ojos y diciendo «tranquilidad, respira».

Me encantaría que ahora mismo estuvieras sonriendo y pensando qué libro de magia o brujería vas a leer según termines este; que a estas alturas te sintieras capaz de iniciar un trabajo personal profundo sabiendo que tú eres el motor de la magia, quien pone en movimiento la energía que produce el cambio.

En esta sección voy a detallar una serie de rituales con los que he obtenido resultados satisfactorios. La idea no es que reproduzcas paso a paso lo que cuento, sino que te sirva de inspiración.

El criterio de selección ha sido la sencillez y el interés suscitado por mi círculo al compartirlos.

Para situarnos, voy a comentar algunas definiciones para estar en la misma página y seguir el hilo con facilidad.

HECHIZO, RITUAL Y OTROS CONCEPTOS BÁSICOS

Según el historiador francés Claude Lecouteux[25], las palabras mágicas son conocidas por todos.

Dichas por magos, hechiceros o brujas, estas palabras, a menudo peculiares e incluso incomprensibles, tienen el propósito de lograr efectos sobrenaturales. Estos hechizos, que han evolucionado con el tiempo, han llegado hasta nuestros días desde tiempos inmemoriales. Podemos encontrarlos en amuletos, oraciones, bendiciones, conjuros y hasta en recetas médicas (2015: XI).

El poder del hechizo que empleemos en nuestros rituales, más allá de la formulación, reside en la profundidad del significado y la repercusión que tenga para nosotros. Una oración que ha pasado de abuelas a nietas, un dicho familiar o un refrán de nuestro pueblo, pueden ser potentes hechizos que imbuyan de poder y energía nuestra práctica ritual.

¿A qué me refiero cuando hablo de ritual? La definición aséptica sería que se trata de una serie de palabras, actos y gestos imbuidos de un simbolismo específico y con una intención y significado concretos. La significación es subjetiva porque depende de cada practicante y es lo que diferencia un ritual de un simple hábito.

Comparto una traducción propia de la definición que ofrece la maga Lorri Davis en *Ritual: an essential grimoire* (2022: 5):

«Los humanos han realizado rituales desde los albores de la civilización. Esas acciones rituales creaban puntos de apoyo que permitían a la energía divina entrar en el reino físico. Eso es exactamente lo que la magia ritual nos ofrece hoy en día. Los rituales son momentos en los que reconocemos que esta vida es un vehículo que utilizamos para romper las cadenas que nos atan al destino. Son acciones que llevamos a cabo para casar las energías de los cielos con la energía de la tierra. En esencia, los rituales son la forma en que tradicionalmente nos elevamos y alejamos de una forma insatisfactoria, distraída y puramente materialista de interactuar con la vida, y en su lugar caminamos con un pie en cada mundo».

---

25   Lecouteux, C. (2015). *Dictionary of Ancient Magic Words and Spells: From Abraxas to Zoar*. Inner Traditions.

Cada practicante tiene su manera de realizar un ritual. Por lo general existe una fase previa en la que preparamos los materiales, el espacio y vamos mentalizándonos del acto; en la siguiente fase concentramos nuestra atención e intención en el objetivo del ritual (yo suelo hacer respiraciones, meditar y usar métodos en esa línea); después vendría el ritual propiamente dicho y después las actividades de cierre, que incluyen lo que en brujería se llama *despacho*.

A veces me pregunta gente cómo deshacerse de los restos generados en su práctica, así que al final de cada ritual he indicado cómo lo he hecho yo. También te cuento que casi siempre utilizo materiales biodegradables, como velas de soja, pinturas orgánicas, hierbas, inciensos, etc. Tengo la suerte de hay una papelera en un cruce de caminos (zona liminal por excelencia) que está muy cerca de mi casa. Desde que me mudé, es la papelera más concurrida del barrio.

En algunos rituales que comparto a continuación empleo sigilos, una herramienta habitual en magia del caos. Los sigilos[26] consisten en representar nuestra voluntad en un símbolo que esquive la censura de la mente consciente y opere directamente en el subconsciente.

Para trabajar con un sigilo las cuatro fases básicas consisten en crearlo, cargarlo, liberarlo y olvidarnos de él (salvo que sea un sigilo que queremos emplear como recordatorio o para reforzar nuestra intención).

Tal y como explica Aidan Wachter[27], los sigilos esquivan a nuestro «censor psíquico» —esa parte de nosotros que dictamina lo que es posible, para bien o para mal— convirtiendo nuestros deseos intensos en imágenes carentes de significado para la mente racional (donde se encuentra el censor) pero a su vez cargados con un significado e intención accesibles y fácilmente asimilables por parte de la mente profunda (2018: 87-89).

Ahora que ya tenemos los conceptos básicos, vamos al turrón.

---

26 Para más información sobre sigilos y magia del caos, recomiendo las siguientes lecturas: Dukes, R. (2019). *SSOTBME revised - An essay on magic*; Hine, P. (2009). *Prime chaos: Adventures in Chaos Magick*; Carroll, P. J. (2022). *Liber null and psychonaut: The Practice of Chaos Magic (Revised and Expanded Edition)* y Spare, A. O. (2014). *Book of Pleasure in Plain English*.

27 Wachter, A. (2018). *Six ways: Approaches & Entries for Practical Magic*.

RITUALES PARA COMPAGINAR VIDA MÁGICA Y MUNDANA

Hay gente con un trabajo mundano donde ven raro que, antes de una reunión, enciendas una vela o te pongas a machacar hierbas en un cuenco. Por lo que sea. Estos rituales están pensados para pasar desapercibidos ante ojos *muggles:*

❧

MAGIA EN LA VIDA MUNDANA PARA CONSEGUIR OBJETIVOS

Empiezo con un sigilo para compaginar la vida mágica y la mundana, que para eso hemos venido.

Esta es mi voluntad destilada en una frase:

Utilizo la magia en mi vida mundana
para conseguir mis objetivos

Contexto: Realicé este sigilo durante el confinamiento de 2020, con la intención de colocarlo en mi puesto de trabajo cuando regresáramos a la oficina, pero como se alargaban las fechas, decidí ponerlo de fondo de pantalla en el portátil del trabajo.

Puedes calcar el sigilo, fotocopiarlo e imprimirlo, sacar una foto y usarlo de fondo de pantalla para cargarlo hasta que quieras liberarlo, no liberarlo y mantenerlo como sello o mejor aún: crear tu propio sigilo teniendo en cuenta lo que te he contado... No hay límites en la magia del caos, recuerda que todo gira en torno a la voluntad y tiene que resonar en ti.

PASOS DEL RITUAL

• **Crear el sigilo a partir de la frase**
Utilizo la magia en mi vida mundana para conseguir mis objetivos.

Combinar las letras para formar una imagen e incorporando simbología.

Si te fijas, se aprecian algunas de esas letras: C, O, S, M, V y D. (En este caso decidí dar relevancia a ciertas letras para afianzar mi intención):

M: porque se repite en *magia* y *mundana*, me parecía muy buena forma de aunarlas.

V: para dar relevancia a la palabra *vida* y servir como flecha que apunta a un objetivo.

D: la he usado como símbolo del arco que dispara la flecha.

C: por el *caos*, energía universal tan ligada a la intuición, además representa fases lunares opuestas (y a la vez complementarias) y sirve para equilibrar la composición.

O: fusionadas con la C, letra contenida en *caos* y *objetivos*, la integro junto a las C lunares de *caos*, dotándolas de fuerza y proporcionando un anclaje visual para cargarlo.

S: es uno de los fonemas que más empleo para crear mantras y aquí además sirve para representar reciprocidad, energía que fluye.

U: coronando el sigilo, captando la energía para hacerla fluir por todo el proceso y combinada con la I para reconducirla en forma de pararrayos.

T: en forma de cruz central, en mi caso representa mi vida *muggle*, es decir, el trabajo.

• CARGAR EL SIGILO

Me puse una lista de reproducción de *metal* (Doom, Thrash, Death) que es la que escucho en el trabajo cuando necesito disrupción y cambio de registro. Escuchar esa lista de reproducción fuera de su contexto laboral supone un subidón de energía, me sirve para sincronizar la respiración con el ritmo de la música, mientras fijo la vista en el sigilo para cargarlo con la energía que siento.

• LIBERAR EL SIGILO

En este caso, no lo libero. Empleo el sigilo como sello-recordatorio para tener presente la magia del caos en mi vida cotidiana. Es decir, lo cargo y no lo destruyo, sino que lo conservo a la vista para que conserve la energía y me sirva como recordatorio para reafirmar esa voluntad. Puedo seguir cargando el símbolo cada vez que se dé una situación en la que la magia me ayude a conseguir mis objetivos mundanos.

• Herramientas para crearlo

Como Power Point es una herramienta habitual en mi trabajo, la he usado para crear el sigilo. No he querido pasarlo por un programa de diseño gráfico para estilizarlo, porque es una obligación estética que no me apetecía. Hay tantas formas de hacer un sigilo como personas y son válidas siempre que destiles tu voluntad y vuelques tu intención. No tiene que ser el sigilo más elegante o elaborado del panorama mágico, sino una pieza que esté cargada de significado PARA TI.

Incluso si no tienes Power Point, puedes escribir la frase en mayúsculas, recortar las letras y formar tu propia composición. Esa composición la puedes *transcribir* completa a otro papel, sacarle una foto con el móvil y llevarla de fondo de pantalla o portátil. Un sigilo no tiene por qué ser un formato rígido, ni ser diseñado en blanco y negro, a menos que tengas esa intención concreta, como en este caso.

Sigilo para compaginar la vida mágica con la mundana

VALORAR Y RECONOCER
MI ESFUERZO

Este ritual lo realicé hace muchos años y desde que lo incorporé a mi realidad cotidiana tengo muy presente valorar mis esfuerzos, además de motivarme para terminar mis tareas.

Para personas con una autoexigencia alta, no miro a nadie, el tema de reconocernos méritos o esfuerzos se nos da regular. A veces no me apetece hacer algo, aunque sepa que me va a reportar un beneficio a medio o largo plazo y que va a ser lo mejor para mí. Me desaniman ciertas tareas, me invade la pereza y se me quitan las ganas de todo. ¿Qué es lo peor? Pues que tiro de disciplina y acabo haciendo lo que debo, pero lo doy por hecho y no me lo reconozco ni me lo agradezco, aunque sea algo que reconocería y agradecería a otras personas.

Se juntan el hambre con las ganas de comer, porque además, cuando tengo que hacer un esfuerzo por otras personas no me cuesta tanto como cuando el esfuerzo es para mí. ¿Te suena, *potorrín*?

PASOS DEL RITUAL

• Visualización

La lógica consiste en separar mi ser en 3 facetas temporales, tratarme como si fuera otras personas para burlar el bloqueo inicial de que yo no merezco felicitaciones ni ánimos y poner a todas las facetas a trabajar juntas. Para ello:

— Cierro los ojos e inicio una serie de respiraciones en cuatro tiempos.
— Me visualizo en un lugar feliz, como un sitio concreto de mi pueblo donde he pasado momentos preciosos.
— Dentro de la visualización y también en la realidad física levanto la mano izquierda con la palma mirando hacia mí y le transfiero mi energía del pasado.
— Repito la operación con la mano derecha, esta vez transfiriendo energía de la potencialidad del futuro.

— Extiendo la mano izquierda con la palma hacia fuera señalando un punto frente a mí y la energía se transfigura en una imagen de mí, la faceta del pasado.

— Repito la operación con la mano derecha para transfigurar mi faceta del futuro.

Lo siguiente es otorgar a cada faceta su nombre y apellido, en mi caso no me rompí la cabeza: «Sére del presente», «Sére del pasado», «Sére del futuro».

Para establecer relación entre ellas, recito 3 veces:

Sére del presente, Sére del futuro y Sére del pasado
Alianza sólida y destino entrelazado.

• Cierre

— Junto las palmas de las manos en la visualización y en la realidad física, reuniendo de nuevo las energías e incorporándolas a mí.

— Mantengo los ojos cerrados hasta que noto que la energía ya ha regresado.

— Abro los ojos y doy 3 palmadas.

Recuerda que si quieres inspirarte en este ritual tendrías que elegir los 3 nombres de tus 3 facetas temporales y redactar las frases concretas que quieres recitar para hacer tu propio hechizo.

Este ritual no tienes que realizarlo en tu oficina ni en tu espacio de trabajo, puedes dejarlo hecho en casa y ya ejecutarlo cuando sea necesario. No hace falta gritarte las gracias, ni dártelas en el momento de conseguir algo, puedes esperar a estar en un sitio sin gente o a que todo el mundo se vaya a por café.

En el trabajo están acostumbrados a oírme decir: «gracias Sére del pasado por hacer este informe tan detallado, porque ahora puedo pegarlo tal cual en la presentación». Ya ni se inmutan con mis *rarezas* y la verdad es que soy muy afortunada porque me quieren como soy.

TOMAR MEDICACIÓN

No te emociones, este ritual no está diseñado para que te sepan las medicinas como a tus peques el Dalsy (¡aunque podrías hacerte uno en ese plan!).

La vida te trae cosas y la magia te ayuda a navegarlas. Siempre utilizo este ritual para tomar medicación, con pequeñas variaciones según quiera una voluntad más genérica (que la medicina me haga el efecto que necesito) o más concreta (que cause un efecto determinado en una zona de mi cuerpo). Lo puedes hacer en el baño del trabajo tranquilamente, no tardarás más de un minuto.

PASOS DEL RITUAL

• **DEFINIR UNA FRASE PARA PLASMAR MI VOLUNTAD CON RESPECTO A LA TOMA DE UNA MEDICINA:**

Esta medicina me hace el efecto que necesito

- **Diseñar un sigilo sencillo y rápido a raíz de esa frase** (te dejo el mío por si quieres usarlo).

- **Transferir ese sigilo al envase que contiene la medicina** Eligiendo la zona por donde vamos a romper el envase para tomarla. Puedes ponerlo por la parte del *blíster* donde salen las pastillas, la zona del sobre que rasgas para echarlo al agua, donde te apañes. De esa forma, después de cargar el sigilo, al romperlo lo liberamos.

- **Cargar y liberar el sigilo** Para cargar el sigilo, recomiendo recrear en nuestra mente el efecto que queremos que produzca y repetimos nuestra intención:

Esta medicina me hace el efecto que necesito

Una vez sientas que está cargado, abre el envoltorio del medicamento a la vez que rompes el sigilo.

Después de tomártela, visualiza cómo se desplaza por tu cuerpo causando el efecto que buscas y olvídate hasta la siguiente toma.

Puedes repetir este ritual tantas veces como tengas que tomar medicación.

DAR UN DISCURSO
O HACER UNA PRESENTACIÓN

¿Probando? ¿Sí, 1, 2, se me escucha? Una de las pesadillas más recurrentes es la de hablar en público. Por un lado, está la exposición pública y por otro el miedo a que nuestro mensaje no cale en la audiencia o no produzca el efecto que buscamos. Para ello, yo realizo un ritual muy sencillo.

PASOS DEL RITUAL

— Antes de hablar en público: decido qué quiero conseguir en cada parte del texto. Pongamos que quiero dar una conferencia sobre un tema divulgativo. En la primera parte del texto quiero captar la atención de la audiencia, en la segunda parte del texto quiero que la audiencia sienta interés por el tema y la tercera parte del texto quiero que les fascine.

—Una vez decido qué bloques del texto quiero ligar con cada intención, imprimo el documento y lo grapo. Localizo las esquinas de las hojas que delimitan cada bloque (atención, interés, fascinación) y redacto la voluntad concreta:

«Capto la atención de mi audiencia»

«A mi audiencia le interesa el tema del que hablo»

«A mi audiencia le fascina el tema del que hablo»

En las esquinas de las hojas que delimitan los bloques, unidas por la grapa, dibujo el sigilo asociado a cada intención. Me concentro en el sigilo, inicio ejercicios de respiración y visualizo a la audiencia reaccionando al texto acorde a mi voluntad.

Una vez estoy hablando a la audiencia: a medida que avanzo el discurso separo las hojas de las grapas, liberando el sigilo para causar el efecto que busco.

Recuerda que puedes crear sigilos cuyo efecto se produzca en ti en vez de en la audiencia, por ejemplo:

«Expongo el tema con confianza»
«Disfruto hablando de este tema»
El procedimiento es el mismo y este ritual lo puedes adaptar a tus necesidades concretas en cada momento.

ᔐᔑ
RECORDAR LO QUE SUEÑO

No sería yo si no hablara de sueños, ¿verdad? En Onironautas Podcast siempre decimos que tan importante como recordar los sueños es apuntarlos. Llevar al día tu Diario de Sueños hará que las experien-

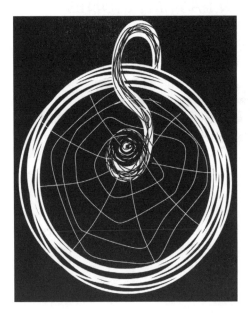

cias oníricas se enriquezcan de forma exponencial. El tiempo de vigilia puedes dedicarlo a trabajar de forma sutil, sin que nadie se dé cuenta.

Este sigilo está creado con la intención de recordar lo que soñamos, con la frase: «**Recuerdo lo que sueño**».

Se compone de estos elementos:

El círculo, que veo a mi alrededor en distintos lugares, como el borde de la taza que tengo siempre en mi escritorio, mis pendientes, etc. También simboliza el *cerco* y la *franja*, por si el sueño lúcido va más allá, ya que me interesa recordar esas vivencias.

La S de *sueño,* acabada en una espiral que recoge y concentra los trazos. La S tiene una parte dentro y otra fuera del círculo, de forma que lo experimentado de forma interna y externa se retroalimenta.

La espiral es un símbolo universal y ancestral, en conexión directa con lo místico, los ciclos vitales, el camino de lo tangible a lo intangible, evolución, conciencia, creación... Representa la conciencia del uno dentro del contexto del Todo y simboliza la unión con la energía universal

La tela de araña tiene significados y asociaciones para mí.

La idea es mantener el sigilo en varios sitios en nuestro entorno, de tal forma que, cada vez que lo veamos, nos venga a la mente «recuerdo lo que sueño». Puedes tenerlo de fondo de pantalla del móvil, del portátil, en tu agenda.

Antes de ir a dormir, nos concentramos en el sigilo y repetimos de nuevo la intención, preferiblemente hasta que te alcance el sueño.

℘

TRABAJAR CON LAS EMOCIONES

A pesar de que el calendario no rige mi práctica, siento que en los meses de oscuridad llega la reflexión, la revisión del pasado, del presente, de las semillas que se plantaron y no germinaron o de las que están por germinar. También pienso con más frecuencia en la gente a la que quiero, pero ya no se encuentra en este plano, personas queridas que han fallecido o han desaparecido de mi vida y a las que echo de menos.

La época otoñal e invernal es propicia para vivir hacia dentro más que hacia afuera. Menos socialización en exteriores, más introspección y recogimiento, menos charlas ligeras con jarras y más charlas profundas con tazas. En esa época, hace unos años, desarrollé el ritual que os desgrano a continuación. Para realizar este ritual decidí aunar ciencia, arte y magia, porque la psicología, el arte y la magia no son enemigos, sino aliados.

La emoción con la que quería trabajar era la tristeza, pero este ritual se puede emplear como base para trabajar todo el espectro de emociones. Me gustaría aclarar que no estoy intentando romantizar la tristeza, además, ya sabes que recomiendo hablar con especialistas de la salud mental para gestionar procesos complicados, pero considero que podemos abordar la tristeza desde un punto de vista artístico-mágico. Que de la oscuridad de la tierra nazca el fruto.

Os explico la manera de crearlo, por si os sirve de inspiración para la vuestra:

Primero consulté *La Rueda de las Emociones* de Robert Plutchik. Plutchik (1927-2006) fue un destacado psicólogo estadounidense cuya contribución más reconocida en ese campo fue la creación de La Rueda de las Emociones, una representación que ilustra las conexiones entre diversas emociones humanas, clasificándolas en ocho categorías primarias con funciones específicas para la supervivencia: miedo, sorpresa, tristeza, aversión, ira, anticipación, alegría y confianza. Según su perspectiva, las demás emociones se originan como combinaciones de estas ocho, lo que enriquece el espectro de experiencias individuales. Las emociones se representan ordenadas en función de su intensidad, por ejemplo, el miedo se considera más intenso que el temor. Según Plutchik, la intensidad de una emoción influye en la disposición de actuar de manera congruente con ella. La intensidad emocional se simboliza mediante la intensidad de los colores en la representación circular, de tal forma que aquellas emociones cercanas al centro de la rueda denotan mayor intensidad y conllevan una mayor probabilidad de motivar acciones acordes.

Más allá de su indudable valor en el campo de la psicología, la rueda constituye una representación muy artística de las emociones, en línea con la voluntad con la que trabajé en este ritual:

La tristeza es inspiración

Lo más importante para elaborar este sigilo fue distinguir los otros sentimientos que acompañaban a mi tristeza, porque no se trataba de una tristeza pura, sino que, al igual que la escala cromática, se componía de matices y tonalidades distintas.

En mi caso partía del núcleo, que era la tristeza, y luego por orden de intensidad también experimentaba estos sentimientos asociados con ideas:

Tristeza (por un suceso).
Enfado (no me merezco este suceso).
Temor (¿y si vuelve a pasar?).
Vigilancia (tengo que estar más preparada la próxima vez).
Sorpresa (¿cómo ha podido pasar?).
Melancolía (hoy no me apetece hacer nada, echo de menos
   tiempos mejores).

Al unir estos conceptos en La Rueda de las Emociones, tracé un sigilo que quedó así:

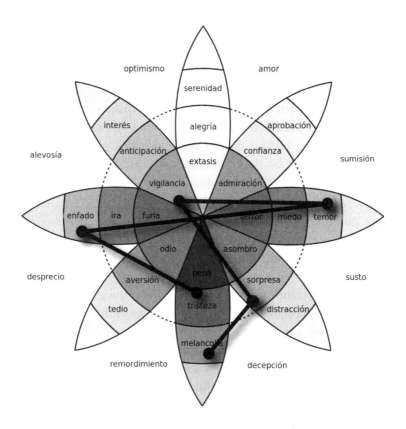

optimismo
amor
serenidad
interés
alegría
aprobación
alevosía
anticipación
confianza
sumisión
extasis
vigilancia
admiración
enfado ira furia terror miedo temor
despecio
odio asombro
pena
aversión sorpresa susto
tedio tristeza distracción
melancolía
remordimiento
decepción

Realicé una representación artística de este sigilo, jugando con los colores de las emociones y plasmando la intensidad de las emociones que se iban manifestando a lo largo del ritual, mientras repetía la voluntad del trabajo mágico: «la tristeza es inspiración».

La idea inicial era mantenerlo a la vista para cargarlo con mis sentimientos hasta que recuperase el equilibrio y posteriormente destruirlo con lejía, pero con el tiempo se hizo un lugar propio en mi

estudio y ahora lo tengo siempre a la vista. Cada vez que me da un repunte de tristeza, miro el sigilo y recuerdo que la tristeza es inspiración.

Como ves, la rueda permite trabajar con todas las emociones, así que te animo a que realices tu propio ritual, creando un sigilo acorde a tus sentimientos. Como el ritual lo puedes hacer en tu casa, el sigilo que generes puedes usarlo donde quieras y cuando quieras, incluso guardártelo como la estampita de un santo en la cartera. ¡Creatividad ante todo!

❧

ALIARNOS CON EL CALOR DEL SOL

Hace un tiempo, durante una ola de calor veraniego, pensé en aplicar un cambio de paradigma rico para afrontar esta temporada desde otra perspectiva. De esa idea surgió el abanico-sigilo.

Partiendo de la voluntad: **«El calor es mi aliado»**, elegí colores cálidos en línea con la intención. La forma que di al sigilo está inspirada en el escarabeo egipcio, un amuleto de vida y poder con forma de escarabajo pelotero representando al Sol naciente.

70

El escarabeo en Egipto era también uno de los símbolos de resurrección, otorgaba fuerza y poder y servía como protección contra el mal en todas sus facetas. Según la mitología egipcia, quienes portaban este símbolo en la muerte podían resucitar y alcanzar la vida eterna. En relación a la intención de mi sigilo, el escarabeo también estaba vinculado con el dios Jepri (Khepri), el dios Sol del amanecer (Ra era el dios sol en su apogeo).

La composición y uso cromático siguen este ciclo: el exterior del abanico pintado en amarillo recoge el calor y lo dirige al centro, donde se encuentra el sigilo para recibir esa energía. Los filamentos negros están pensados para absorber la energía y procesarla. La S que puedes observar en la parte inferior del sigilo-escarabeo hace la transición energética y transforma el calor que recibe (molesto, angustioso, amenazante...) en mi aliado, de tal forma que con cada golpe de abanico para refrescarme estoy cargándolo.

Este sigilo no está pensado para ser liberado, sino para acumular y posteriormente transferir ese poder a mi práctica mágica, lo cual consigue su propósito: que el calor sea mi aliado.

ℰℐℑ

AMARRA, AMARRA, QUE YO TE AVISO

La gente que me conoce se está relamiendo con el tema de los amarres, así que al turrón. Atención a las fotos siguientes.

Monísimas, ¿verdad? Se trata de la reproducción de una figurilla de maldición real, denominada *kolossos*[28].

---

28 La reproducción que se muestra en la foto fue creada por Miriam Blanco Cesteros. Miriam es doctora en Filología Clásica, con una tesis sobre papiros greco-egipcios de contenido mágico. Forma parte del Departamento de Filología Clásica de la Universidad Complutense de Madrid, donde actualmente

De origen greco-egipcio (Antinópolis, Egipto; siglo IV d. C.), en la actualidad la figura original se conserva en el Museo del Louvre. Está moldeada en terracota y las trece agujas que la atraviesan son aleación de cobre. Fue encontrada junto a otros elementos, incluido un hechizo de amor dedicado a una mujer. Un momento, ¿cómo que un hechizo de amor, esto no era una maldición? ¡Ay, campanera! Si cuando lo llaman *mal de amores* es por algo.

El hechizo que acompaña a la figura forma parte del conjunto de Papiros Mágicos Egipcios (abreviados como PGM según sus siglas en latín). Aparece recogido y traducido al inglés en *The Greek magical Papyri in translation, including the Demotic spells*[29]. Si quieres buscarlo en el texto original, aquí dejo la referencia: PGM IV 296-466. He traducido al español una parte del hechizo, para que veas qué planazo:

«Y toma 13 agujas de cobre y clava 1 en el cerebro mientras dices,
«estoy perforando tu cerebro, [nombre]»; y clava 2 en las orejas
y 2 en los ojos y 1 en la boca y 2 en el vientre y 1 en las manos
y 2 en la pudenda y 2 en las plantas de los pies, diciendo cada vez:
«estoy perforando tal y tal miembro de ella, [nombre],
para que no recuerde a nadie más que a mí, [nombre], solamente».

La postura sumisa (de rodillas, con las manos atadas a la espalda) es toda una declaración de intenciones. Aunque en este caso he compartido un ejemplo *extremo* de amarre, el mecanismo es el mismo en todos los casos: la supresión de la voluntad de la persona deseada para que se doblegue ante la voluntad de la persona que realiza el ritual. Un tipo de magia agresiva muy extendida, que no deja de ser la imposición de una voluntad sobre otra.

Entiendo que si estuviera en el IV d. C. y mi supervivencia dependiera de que mi marido no me repudiara, tiraría de todo el repertorio

---

desarrolla su labor docente e investigadora en torno a la formación ritual y cultural de los practicantes de la magia greco-egipcia. Su trabajo es fascinante, pues no solo se dedica al estudio académico puro, sino que se mancha las manos para reproducir las prácticas, como en el caso de este *kolossos*.

29 Betz, H. D. (1986c). *The Greek magical Papyri in translation, including the Demotic spells.*

para evitar que esto sucediera, pero en pleno siglo XXI y en este lado del mundo se me hace innecesario.

En cualquier caso, esto que acabas de leer
no deja de ser mi opinión
y no todos los amarres son negativos.

Cuando alguien me habla de amarres de una forma romantizada siempre pienso que es por diferencias culturales que se me escapan, falta de conocimiento o por no haber pensado con detenimiento en las implicaciones de esta operación mágica.

Si el ritual es consentido por todas las partes involucradas y con una voluntad consensuada, se trata un acto mágico sin imposición de la voluntad del practicante sobre la voluntad de otra persona.

Aquí mi lógica salta automática y apunta: en vez de

Reproducción de Kolossos. © *Miriam Blanco Cesteros*

amarrar a otra persona, ¿por qué no me fascino a mí misma? Por medio de la fascinación se pueden inducir emociones o sentimientos a otras personas, así que en este caso me propongo ser emisora y receptora del acto mágico.

❧ RITUAL PARA AMAR MIS PIERNAS

La relación con mis piernas siempre ha sido complicada. Estéticamente no me gustaban y cuando me tuvieron que operar la pierna izquierda la rehabilitación fue muy dura, se resintió la pierna derecha y se formó un bucle de rechazo, repercutiendo en mi bienestar durante muchos años. No me gustaban ni las consideraba *aceptables*. ¿Qué hice para darle la vuelta a esta situación?

Siempre me ha encantado la canción *Scarborough Fair*. Seguro que la melodía te viene a la cabeza con leer dos versos:

Are you going to Scarborough Fair?
Parsley, sage, rosemary and Thyme...

La letra de la canción ha sido estudiada para descifrar su contenido simbólico. Hay interpretaciones para todos los gustos, algunos afirman que los versos escondían ingredientes para un hechizo de amor, en los que el perejil representaba el consuelo, la salvia la fuerza, el romero el amor y el tomillo el coraje.

Otros afirman que algunos de esos ingredientes no estaban en la versión inicial de la canción y que algunas de sus propiedades están más orientadas a trabajar con el sueño o la muerte.

En mi caso, siempre he asociado estos elementos al amor, así que decidí emplearlos con esa intención. El ritual fue sencillo:

- MATERIALES:
  - — Una botella de agua de luna.
  - — Perejil.
  - — Salvia.
  - — Romero.
  - — Tomillo.
  - — Un barreño.

PASOS DEL RITUAL

Herví todos los componentes en agua de luna, esperé a que se enfriaran un poco y trasvasé el agua al barreño.

Con el agua ya en el barreño me fui a la ducha, donde había preparado una banqueta.

Metí el dedo derecho y removí el agua 3 veces en el sentido de las agujas del reloj diciendo:

CON AGUA DE LUNA Y PROFUNDO CANDOR,
MIS PIERNAS ACEPTO Y LLENO DE AMOR

Después sumergí las piernas y estuve durante dándoles un masaje muy agradable.

Cuando terminé, aclaré las piernas con el agua y apliqué una crema de rosa mosqueta.

Este tipo de ritual se puede repetir para reforzar los efectos y los vínculos, siempre que consideremos necesario. Te recomiendo utilizar y añadir elementos y componentes que tengan un significado simbólico para ti.

RITUALES LUNARES

A continuación, comparto rituales de las fases lunares, porque considero que la luna es un símbolo universal y familiar, ideal para iniciarse en la práctica.

Aunque proporcionaré una breve descripción simbólica por cada fase, todo lo que quieras saber sobre la luna lo encontrarás en el libro *La luna: símbolo de transformación* escrito por la mitóloga Jules Cashford. Para información astrológica recomiendo el maravilloso trabajo de Margit Glassel.

LUNA NUEVA: SOLTAR LASTRE

• Descripción simbólica de la luna nueva

Un nuevo comienzo. Al igual que la luna llena, su opuesta, la luna nueva era tiempo para bodas, sueños de amantes, partos y adivinación de futuros. Momento propicio también para romper dinámicas o hábitos que queramos eliminar de nuestras vidas. Esta luna da comienzo a un nuevo ciclo emocional, un nuevo ritmo vital y es buen momento para concentrarnos en objetivos nuevos e ir preparando el terreno para dar la bienvenida a lo que está por venir.

Este ritual lo repito siempre que considero necesario. Está enfocado a dejar atrás aquello de lo que queremos deshacernos. Puede ser un hábito poco saludable (como fumar o beber demasiado café), cortar lazos con alguna relación perjudicial, olvidarnos de una situación pasada o cuestiones similares. Vete pensando qué te gustaría soltar y apunta lo primero que te salga, no te pongas límites.

• Materiales para el ritual
— Superficie ignífuga, como por ejemplo papel para hornear.
— Piedra de obsidiana (si no tienes obsidiana puede ser una piedra oscura, la idea es que absorba energía).
— Vela negra (pequeña, no tipo cirio).
— Cuenco con sal negra.
— Papel y lápiz (mejor que bolígrafo).

• Preparación

Para los rituales de soltar lastre suelo escuchar canciones que me evoquen momentos de despedida, elige la que más te llame.

También me gusta beber infusiones. En este caso voy a tomarme una que tengo con hierbaluisa, tisana, melisa, naranjo y tila.

• Calentamiento

Una vez que tengo las emociones concentradas en ese momento de despedida, visualizo las cosas, personas, hábitos o situaciones que quiero dejar atrás y los voy escribiendo en papeles pequeños, tipo *post-it*.

Amontono los papeles uno sobre otro y cuando ya he terminado de escribirlos todos, cojo la piedra de obsidiana y me la llevo al corazón.

Repaso los papeles mientras agarro la piedra y evoco las sensaciones que me producen, sin ponerle freno a mis sentimientos. Da igual si lo paso mal, me enfado o incluso lloro, me lo permito con autocompasión (que no es lo mismo que darme pena a mí misma).

• El meollo

Aparto la piedra de obsidiana del lugar donde voy a realizar la práctica mágica. Agradezco su protección y la deposito en un lugar cerca de la ventana, donde sé que estará bajo la luna.

Enciendo la vela mientras dejo fluir los sentimientos y recito:

> QUE LA LUNA NUEVA, LA SAL Y LA VELA
> SE LLEVEN DE MI VIDA LO QUE NO QUIERO QUE VUELVA

Sigo recitando mientras coloco los papeles en círculo alrededor de la vela, potenciando las emociones.

Cuando ya he colocado todos los papeles rodeando la vela, realizo una serie de respiraciones cortas para aumentar las pulsaciones del corazón.

Acerco el cuenco de sal negra al círculo de papeles mientras sigo respirando.

Al llegar a unas pulsaciones altas, agarro la vela y vierto una gota de cera sobre cada papel mientras digo en alto «¡FUERA!» con toda mi intención.

Digo la palabra cada vez que una de las gotas cae sobre el papel. Echo tantas gotas de cera como ganas tengo de que se vaya y cuando he usado la cera que considero oportuna echo un pellizco de sal mientras remato: «y no vuelvas».

Repito esta operación sobre cada papel y, cuando he echado cera y sal en todos, devuelvo la vela al centro del tapete ignífugo.

Cuando la dejo en su sitio repito 3 veces elevando la voz:

QUE LA LUNA NUEVA, LA SAL Y LA VELA
SE LLEVEN DE MI VIDA LO QUE NO QUIERO QUE VUELVA

(Lo repito tres veces porque el 3 es un número muy especial para mí y lo relaciono con el cumplimiento de objetivos. Por ejemplo, en marketing es el número de veces que se repite un concepto para que el mensaje cale al receptor y a nivel simbólico es innegable el poder de la trilogía en culturas de todo el mundo).

• CONCLUSIÓN
En este punto, tras decir la última frase libero la energía y me concentro en la sensación de *drenado*. Me visualizo vaciando todas mis emociones, siendo absorbidas por los elementos del ritual.

Cierro los ojos e inicio una serie de respiraciones en 4 tiempos (a mí me funciona en pautas iniciales de 3 segundos cada fase, ajusta los segundos a tu capacidad pulmonar y a tu ritmo normal en reposo): inspirar-aguantar el aire-exhalar el aire-aguantar sin aire.

Centro mi atención en la última fase, durante la cual permanezco sin aire durante unos segundos. Me concentro en esa sensación de vacío con los ojos cerrados. Hago varias series de respiración hasta que se diluyen las emociones generadas por el ritual. No hay un tiempo máximo, relájate y concluye cuando lo sientas oportuno.

Dejo la vela encendida y todos los elementos donde estaban, cerca de la ventana, bajo la luna nueva, durante 3 noches.

• DESPACHO DEL TRABAJO MÁGICO
Como este ritual está enfocado a soltar lastre, al final de la tercera noche pliego el papel de cocinar con los restos que quedan: los papeles, la sal y la vela teniendo cuidado de no tocarlos directamente con las manos. Hago un burruño y lo tiro a mi papelera de confianza.

LUNA CRECIENTE:
RECUPERAR LA ILUSIÓN

• **Descripción simbólica de la luna creciente**

A pesar de no ser tan popular como la luna llena, la media luna es uno de los símbolos universales para representarla y lograr que se identifique su forma con claridad, así que no subestimemos su simbolismo y su poder. Durante este periodo se celebran rituales para potenciar el crecimiento de aquello que queremos que aumente o prospere (embarazos, mejora de la salud, proyectos incipientes, etc.).

El concepto de regeneración está íntimamente ligado a esta fase; también es momento de reconocer nuestras propias capacidades, habilidades y fortalezas, de darle importancia a los sueños, de retomar proyectos que nos hagan felices... Es el momento propicio para recuperar aquello que queremos devolver a nuestras vidas, sobre todo a nivel emocional.

EL RITUAL

Este ritual está enfocado a recuperar la ilusión. Durante 2020 había mil planes que han ido desvaneciéndose por motivos obvios. Cancelaciones de eventos, enfermedades propias y de seres queridos, proyectos aplazados...

La luna y el agua están muy ligadas al aspecto emocional y como me gusta fluir en consonancia, el elemento predominante en este ritual es el agua.

Realicé este ritual el 22 de noviembre de 2020. Ese mes, el inicio de la mitad oscura del año, mes de los muertos y las sombras, supuso una etapa muy dura para mucha gente. Mi mentalidad en aquella época era la de aceptar pérdidas materiales y personales, cancelaciones de planes y proyectos, pero mantener la certeza de que el sol seguiría saliendo, la luna seguiría luciendo y cada día sería una oportunidad nueva. Mi objetivo era recuperar la ilusión.

• **Materiales para el ritual**
— Papel para escribir.   — Lápiz o bolígrafo.
— Vaso o frasco de cristal. — Cuenco grande con agua.

• **Preparación**

Aquella noche me puse *Dream On* de Aerosmith, una de mis bandas favoritas. Esta canción tiene mucho significado para mí y además está muy relacionada con la idea de seguir soñando y tomar un día nuevo como una nueva oportunidad. Mientras escucho la canción en bucle voy pensando en todas las ilusiones que no me he permitido tener, bien por miedo o por reflejo de autoprotección para no decepcionarme.

• **Calentamiento**

Una vez que tengo las emociones concentradas visualizo todas las cosas que me hacen ilusión y las voy enumerando en el papel.

Cuando termino de enumerar las cosas que me hacen ilusión, describo los sentimientos positivos asociados a esas cosas o situaciones.

Repaso lo que he escrito y evoco las sensaciones que me producen, sin ponerle freno a mis sentimientos. Como siempre, respiro y me concentro.

• **El meollo**

Recorto la lista de ilusiones y sentimientos asociados, se los ofrezco a la luna creciente y los deposito en el frasquito de cristal uno a uno.

Me tomo el tiempo necesario, la música sigue sonando.

Agarro el frasquito con las dos manos y lo sujeto contra el corazón.

Con el remolino de emociones y sensaciones fluyendo, repito:

QUE MI ILUSIÓN SE REGENERE JUNTO A LA LUNA CRECIENTE

Repito la frase hasta que siento que el sentimiento crece en mí y la imagen de la luna creciente se queda impresa en mi vista.

Cuando alcanzo ese punto, tras la última repetición concluyo diciendo: SEA.

• **Conclusión**

En este punto, tras decir *sea* visualizo cómo mis emociones se expanden. Dejo el frasquito flotando dentro del cuenco con agua, en mi altar personal, junto a la ventana donde le llega la luz de la de luna creciente.

• **DESPACHO DEL TRABAJO MÁGICO**

La culminación de este ritual la realicé con la luna llena. Por el día cubrí el cuenco con una tela para que no le diera la luz del sol y durante las noches lo destapé para que siguiera recibiendo el influjo de la luna.

LUNA LLENA: AGUA DE LUNA Y AMOR A DISTANCIA

• **DESCRIPCIÓN SIMBÓLICA**

Un nuevo comienzo. Al igual que la luna nueva, su opuesta, la luna llena era tiempo para bodas, sueños de amantes, partos y adivinación de futuros. Esta luna se considera la culminación de las potencialidades, sanando dolores, inspirando a los artistas.

Todas las culturas miraban al cielo, amparadas por su luz, imponente en la negrura nocturna. Pedían por la plenitud de las cosechas, por la fertilidad y por la abundancia.

Os dejo un 2 x 1 de la mano de Damien Echols. Son las instrucciones de cómo preparar agua de luna y un ejemplo de cómo mantener su amor a distancia mientras él seguía en el corredor de la muerte. En palabras del propio Echols (2019: 379):

«El agua de luna solo se puede hacer una vez al mes, en una noche de luna llena. Después de que se haya puesto el sol y cuando el satélite está en lo alto, llenas un recipiente de agua y lo pones en el alféizar de una ventana, de manera que la luna se refleje. Tienes que dejarla toda la noche para que reciba la luz de la luna durante el máximo tiempo posible. Tienes que retirar el recipiente justo antes del amanecer, para asegurarte de que la luz del sol no la toca, y luego la tienes que guardar en un lugar oscuro. Mi mujer y yo hicimos aquello durante años en las noches de luna llena y le dábamos un pequeño sorbo cada noche a la misma hora mientras pensábamos en el otro. En aquel momento estábamos unidos, sin importar lo lejos que estuviéramos el uno del otro. Le das un sorbo cada vez porque te tiene que durar un mes entero».

Por cada intento del sistema por separarnos, no podíamos evitar buscar nuevas maneras de estar juntos. Al final, el odio y la ignorancia siempre fracasan frente a la inteligencia y al amor. La prueba está en el agua de luna».

LUNA MENGUANTE: DESPEDIR GENTE TÓXICA O RELACIONES YERMAS

• **Descripción astronómica**
Después de la fase de luna llena, la superficie luminosa va en disminución hasta llegar a la luna nueva. A esta fase de la luna se le llama también «cuarto menguante», o «luna vieja».

• **Descripción simbólica**
Me encanta que uno de los nombres para designarla sea luna vieja, porque con la edad llega también la sabiduría, la capacidad de discernir entre lo que nos hace falta y lo que no. Después del momento de esplendor (llena) nos adentramos en el momento de recogimiento hasta llegar a la luna nueva y comenzar de nuevo.

El concepto de que la luna se desprende de su sombra es interesantísimo, ya que se nos ha inculcado la idea, vista desde el otro lado, desde el lado en el que la luna va aumentando su luminosidad. Para mí, la luna menguante es el mejor momento para desprendernos de nuestras sombras y asimilar lo aprendido, justo lo que busco con el ritual que os comparto hoy.

Por ejemplo, a la hora de plantear mis rituales, me fijo en los dos elementos predominantes, que en este caso son el fuego, la tierra y el agua, y actúo en consonancia. Cuando vi que el aire tenía tan poca relevancia, me sirvió para reflexionar sobre los elementos y el escenario del ritual, ahora os lo cuento.

RITUAL PARA DESPEDIR GENTE TÓXICA O RELACIONES YERMAS

Este ritual está enfocado a dejar ir los *efectos* de una persona o grupo que ya no aporta a nuestra vida.

No está dirigido a *invalidar* o *bloquear* a esa persona, porque lo interesante es poder coexistir e incluso compartir entornos sin que nos afecte de manera negativa.

Recuerda que cualquier persona es susceptible de ser tóxica en algún momento de su vida o al interactuar con otro tipo de perfiles. No es raro tampoco que, sin haber hecho nada, simplemente el devenir de nuestro camino vital se haya ido bifurcando y no tenga sentido mantener una relación con *respiración artificial*.

También nos sirve para aprender sobre nuestra forma de reaccionar ante estas situaciones, bien interactuando con gente que ya no tiene lugar en nuestras vidas, pero ha tenido una posición importante en el pasado, o bien interactuando con gente que nos genera emociones desagradables. En este caso concreto, apuntar y analizar nuestras reacciones nos proporcionará información muy valiosa sobre nosotras mismas.

• Materiales para el ritual
— Papel para escribir.
— Lápiz o bolígrafo negro (el negro absorbe).
— Cerillas o mechero.
— Tomillo.
— Cuenco de barro.

PASOS DEL RITUAL

• Preparación
Para este momento en concreto escucho la canción *Adeus meus amigos*, porque no encara la despedida con rabia, sino dejando ir a gente con la que has recorrido cierto tramo del camino pero que, a estas alturas, ya no te aporta o incluso te daña.

• Calentamiento
Una vez que tengo las emociones concentradas en ese momento de dejar ir, visualizo personas/grupos de las que me quiero despedir y voy enumerando en la cuartilla de papel, en el lado izquierdo, dejando espacio entre ellos.

Cuando termino de enumerar, describo debajo las situaciones que me han afectado y las emociones que me han producido.

Repaso lo que he escrito y evoco las sensaciones que me producen, sin ponerle freno a mis sentimientos. Da igual si lo paso mal, me enfado o incluso lloro, me permito fluir.

• EL MEOLLO

Al terminar la lista doy 3 palmadas y rompo el papel en 3 trozos grandes.

El primer trozo de papel representa el pasado, el segundo representa el presente y el tercero el futuro. Las emociones que he sentido, las que siento y las que quiero sentir después de la despedida.

Voy recitando:

ME DESPIDO EN ESTE INSTANTE BAJO LA LUNA MENGUANTE

Mientras voy rompiendo los 3 fragmentos de papel en trocitos y echándolos al cuenco. Me detengo unos segundos entre cada porción grande de papel (presente / pasado / futuro), inhalo aire y lo aguanto el máximo de tiempo que puedo. Cuando exhalo el aire dejo ir esas emociones antes de pasar al siguiente fragmento de papel.

Cuando ya he despedazado los 3 papeles enciendo una cerilla y la echo en el cuenco para que prendan los trocitos (puedo usar un mechero también).

Recito en voz alta:

ME DESPIDO EN ESTE INSTANTE BAJO LA LUNA MENGUANTE

Lanzo un pellizco de tomillo al cuenco. Repito 2 veces más y cuando echo el tercer pellizco de tomillo y con toda mi intención digo:

¡ADIÓS!

Dejo que se consuman los papelitos y el tomillo para poder meterlos en un frasquito de cristal.

Echo agua en el frasquito con las cenizas y lo dejo durante las 3 noches de luna menguante. Durante la tercera noche voy a la papelera que hay cerca de mi casa en un cruce de caminos, pero lejos de mi zona de influencia.

Mientras tiro las cenizas por la papelera repito:

¡ADIÓS!

De esta forma he utilizado los 3 elementos que tienen más fuerza: el fuego de la cerilla, la tierra y el agua imbuida de luna menguante.

• CONCLUSIÓN PROGRESIVA
En este punto, tras decir «adiós» visualizo cómo mis emociones se diluyen.

Durante el camino de regreso a casa, bajo la luna menguante, coordino mis pasos con mi respiración. Cuento 1, 2, 3, inspiro... 1, 2, 3 aguanto la respiración... 1, 2, 3 inspiro...

Cuando llego al portal de mi casa doy 3 palmadas para dejar atrás todo.

• DESPACHO DEL TRABAJO MÁGICO
Cuando vuelvo a casa dejo el frasquito y el cuenco de barro con agua y detergente o limón durante toda la noche. A la mañana siguiente los enjuago y los meto en el lavavajillas.

HACER TUYO EL RITUAL

A veces, si tenemos que realizar un ritual que no tenemos interiorizado, parece que estamos leyendo una receta de cocina. Esto ocurre, sobre todo, si el ritual es complicado o tiene muchos pasos intermedios. ¡No caigamos en burocracias!

Mi recomendación es leer varias veces el ritual con antelación, hasta que lo tengamos interiorizado o decidamos descartarlo.

Podemos incorporar elementos al ritual o hacer el nuestro. Si te animas a hacerlo, aquí van unos consejos e ideas. Para tener una base sencilla, puedes ver qué elementos sientes más en sintonía para incorporarlos en tu propio ritual:

FUEGO: puede ser representado por objetos de colores cálidos (rojo, naranja, amarillo, ocre...) o por velas, cirios, especias, etc. Yo uso velas de distintos colores para aunar todos los elementos en uno (fuego de la llama, cera que fluye como agua, aire que hace moverse la llama, solidez de la cera como elemento tierra). También uso lo que tenga a mano como plumas, conchas, flores, cintas de colores u otros objetos. para reforzar el peso de los elementos según la intencionalidad.

TIERRA: una maceta, una planta, una hoja, flores, sales, minerales y piedras. Colores verde, marrón, etc.

AIRE: música, incienso, perfumes, aceites esenciales, plumas... Colores blanco, gris, etc.

AGUA: desde un cuenco con agua hasta conchas de crustáceos, algas disecadas, etc. Color azul, turquesa, azul marino, etc.

Cuando improviso un ritual reservo unos 15 minutos para la práctica y me preparo una infusión, otras veces pongo una onza de chocolate negro sobre la lengua, el caso es realizar una pequeña auto-ofrenda.

Siempre tengo cerca un cuaderno para escribir lo que la intuición me dicta, sobre todo a la hora de destilar la voluntad en una frase.

Enciendo la vela y me concentro en la llama mientras respiro lentamente. Dejo que mis sentidos se llenen de todos los estímulos y me centro en la intención del ritual. Aunque recomiendo informarse sobre las características de los elementos, el simbolismo mágico, los valores antropológicos y otros factores que te interesen, lo importante es que conecte con tu intuición y tu voluntad.

Si quieres, también puedes hacer rituales en comunidad: se magnifica la energía y la experiencia es muy intensa. Compartir es vivir.

Si quieres ver los sigilos a todo color, descárgártelos
para usarlos en tus rituales y tener información adicional,
escanea este QR o entra en www.sereskuld.com/rituales.

EL FILANDÓN MÁGICO

Quizás estés leyendo este libro en soledad. Me imagino diferentes escenarios, distintas personas ojeando estas páginas en un entorno mundano como un autobús, el vagón de un tren o la sala de espera del médico, asomando la vista por encima de vez en cuando, para observar si alguien está mirando el libro con extrañeza, porque la portada no es que pase desapercibida precisamente. Ángeles, ya nos vale.

Compaginar la vida mágica con la mundana tiene estas cosas, que no todo el mundo está familiarizado con ambas facetas. Cuando las necesidades básicas están cubiertas por terceros es muy fácil dedicarse de lleno a la magia, al arte o a lo que nos apetezca y juzgar o burlarse de quienes no cuentan con las mismas cartas y tienen que ganarse el pan a diario.

Cuéntale a alguien que se levanta a las seis de la mañana para trabajar que tiene que estar pendiente de la luna hasta las 2 a.m., o a alguien que vuelve del turno de noche de teleoperador que se tiene que poner el despertador en dos horas a retirar la botella con agua de luna para que no le dé el sol. Esto no va así.

Puede que te desanimes porque asocies la magia con una vida de comodidades, sin preocupaciones, y pienses que tu práctica no sirve porque sigues teniendo que esforzarte. Deja de fijarte en las redes sociales, donde todas las vidas son sospechosamente perfectas. Invierte ese tiempo y energía en crear y nutrir tu propia comunidad con intereses comunes.

No te obsesiones con aprender las propiedades de las plantas o de los minerales sin haber dedicado tiempo a entender qué te remueve por dentro, sin saber cuáles son tus ilusiones, tus miedos, tus deseos y tu forma de relacionarte con ellos. A partir de ahí, todo encaja como por arte de magia.

Compartir experiencias con alguien que se encuentra en un momento vital parecido al nuestro es muy reconfortante, ver cómo evolucionamos y avanzamos en nuestros caminos es inspirador. Hay un término de origen leonés que me encanta, «filandón».

Se trataba de una reunión de vecinos, que solía llevarse a cabo en invierno y por la noche, en la que se contaban historias mientras los hombres hacían trabajos manuales y las mujeres tejían e hilaban. Una forma preciosa de estrechar lazos, además de entretenerse y explicar el mundo:

> «[...] en la tradición leonesa del filandón, quien cuenta una historia tiene el poder de explicar el mundo que está narrando[30]».

Contar nuestras vivencias a alguien implica poner en orden lo vivido, asimilarlo y ser capaz de transmitirlo. No hay una sola forma de ver o entender el mundo, ni el tangible ni el intangible. No hay una sola forma de compaginar la vida mágica con la mundana. A continuación, abrimos las puertas de este filandón, para que otras voces narren sus historias.

---

30 Rodríguez, Ó. B. (2016). «Memoria, olvido y reinvención personal en "Vidas de Tinta", de Moisés Pascual Pozas». *Hispanófila, 178*, 251–260. https://www.jstor.org/stable/90012378

ALDO LINARES

Aldo Linares es periodista, comunicador social, escritor e investigador. Es parte del mítico Grupo Hepta de investigación multidisciplinar de la fenomenología paranormal y colaborador habitual del programa Cuarto Milenio. Además, suele participar como conferenciante en diversos congresos y encuentros de temática variada.

Es autor de *Cuando lo sugerente se hace evidente* y de *El libro de los ojos abiertos*, publicados por Ediciones Luciérnaga y responsable de un canal de entrevistas en YouTube que lleva su nombre.

■ ¿QUÉ ES PARA TI LA MAGIA?

Para mí, la magia es un decisivo matiz de vida en el sentido más amplio y de realidad libre que se despliega en sutileza y sin exigir sobreexposiciones. Es naturaleza vibrante y, a la vez, sugerencia latente.

Es intención y depuración de la percepción.

Es el fondo de cada forma y la silueta de cada idea, pensamiento, emoción y sentimiento.

Es movilidad a través de lo inherente y lo atrayente.

Es acción y reacción, causa y efecto.

La magia es cercanía y distancia.

Es técnica de experiencia biológica y psicológica, de introspección y extroversión, de aquí y allá. Es la posibilidad de relación más pura entre el trazo y el movimiento. Es el pulso dirigido a ser mirada, palabra, plasmación y transformación. Es libertad, la desnudez que queda debajo de los ropajes, y la que guarda la semilla y la raíz.

Es descripción que requiere de dos lenguajes, el suyo propio y el que usamos para diseñar la realidad y situarnos en ella. En ese sentido, es inmersión, enterramiento, florecimiento, vuelo, órbita y aterrizaje.

Es lo que no puedo definirte más allá del gran silencio tan vivo que acompaña a mi aire.

La Magia Es,

La Magia Existe.

■ ¿QUÉ COSTUMBRES, TRADICIONES O HISTORIAS TE HAN IMPACTADO MÁS EN RELACIÓN CON LA MAGIA?

Te diría que las que más me han impactado han sido las que, sugeridas, surgían en la intimidad de la casa de Arequipa (Perú), donde crecí.

Allí, desde la noche más remota de mis días, recuerdo haber sentido la cercana presencia de historias, contadas por mis abuelos y por personas que trabajaban en casa, y que aportaban un imaginario de sus regiones de origen, de ese Perú tan profundo en el que sobraban etiquetas como chamán, bruja, espíritu o mago. Sobraban porque ese realismo mágico que se atribuye a América no cabía en explicaciones, simplemente se era así. Hoy sigue ocurriendo lo mismo. No se piensa en ello, se es así.

Esto, de por sí, ya es un procedimiento de magia, consciente o no, pero lo es. El hecho es que, más allá de disquisiciones sociológicas y antropológicas, descubrí que lo que más me impactaba era el sincretismo que unía distintas ramas para ofrecerme una especie de ramo de vida mágica en el que cabía el sonido del aire, en una noche de tormenta en la que se fue la luz en casa y en la que, al preguntar qué era ese sonido, se me dijo que era «la respiración de los espíritus» ... Pero también cabía la intuitiva idea que tenía, de que la naturaleza actuaba de forma decisiva en la vida de todos. Como si fuese un recipiente en el que se mezclaban elementos callados que, a la vez, tenían su propia voz.

Quizás, en esos días, me di cuenta de que todo lo que salía de cada persona era algo único, que tenía un valor de contacto con la realidad absolutamente intransferible. En todo había un gesto, un movimiento, un aporte, un cambio, una transformación. En todo había un surgir, un ir y un venir. Desde las danzas de las tijeras, de claro sentido chamánico, hasta el silencio encriptado del recorrer estaciones, iglesias, en Semana Santa. Desde la potencia de los llamados *apus*, espíritus vigilantes en las montañas, hasta el valor de ver un cielo estrellado a 2.335 metros sobre el nivel del mar. Es difícil explicar esto. Son como esencias que prefiero acercar a tu mirada, porque han quedado como retazos de sugerencia.

■ ¿PODRÍAS COMPARTIR CON DETALLE UN HECHIZO QUE CONOZCAS O QUE HAYAS INCORPORADO EN TU VIDA DIARIA Y QUE CREAS QUE PUEDE SER ÚTIL PARA MÁS GENTE?

Sinceramente, soy muy cuidadoso con esto porque, cualquier acto se viste de significancia, en cuanto la persona se la otorga. Entonces, soy consciente de la total importancia del posicionamiento de la persona en cuanto a su propia realidad. De la vía de concepción, elaboración, proyección y transformación que cada quien da a su ser y a su contacto con la existencia.

Quizás una de las sugerencias que uso, es decir mi nombre para impulsarme a algo. Nombrarme y situarme ante algo para hacerlo y esperar conseguir el objetivo de la mejor manera posible.

Sé que no tiene ninguna parafernalia llamativa. Mejor aún. Al decirlo, al nombrarme, tomo mayor consciencia de mí mismo, me implico en una especie de yo - tú - él y nosotros que, al unirse al hecho o actividad que le requiere, me hace tener una presencia que siento que es mayor, con una implicación más lúcida y con un contacto mayor entre lo que soy y lo que quiero hacer o lo que debo hacer.

Esa es, quizás, una de las sugerencias a las que más recurro. Prefiero denominarlas así, más que decir hechizo. Es mi forma de expresarlo. ¡Bienvenido sea si es útil para alguien! La naturaleza se sirve de la naturaleza y la naturalidad es su lenguaje. Del grano al desierto y de la gota al océano...

■ ¿PODRÍAS COMPARTIR CON DETALLE UN RITUAL QUE HAYAS INCORPORADO EN TU VIDA DIARIA Y QUE CREAS QUE PUEDE SER ÚTIL PARA MÁS GENTE?

El ritual también es una muestra íntima de significancia. De concepción, elaboración, proyección y transformación. Una especie de alegoría de diálogo integral entre lo interno, lo externo y viceversa.

Como menciono en la anterior pregunta, soy muy cauto con esto, por los motivos que ya he expuesto y porque, en buena medida, dudo mucho de cualquier aparataje exagerado. Siento que el «menos es más» es un elemento clave en la síntesis de lo que supone la magia.

Por eso, mis acercamientos a esta parcela tan especial tienen relación unos con otros, en cuanto a que suceden en mí y conectan cuanto hay en mi interior. Así, el ritual, por así decirlo, que me es diario y que puedo aportar, por si puede serle útil a alguien, consiste en dar un paso adelante en cuanto a la sugerencia que abordé en la pregunta anterior.

Cada mañana, y cada noche, suelo mirarme en el espejo. Pero lo hago con bastante detenimiento, sin prisas y, sobre todo, sin el afán de buscar gustarme o de prepararme para la vida social. Simplemente miro mi rostro, primero en su totalidad y luego en sus partes.

¿Cuántas veces nos vemos frente a él y descubrimos que somos extraños para nosotros mismos?

Situado frente al espejo, paso de la imagen completa en la que tengo una vista panorámica de mí, y lo hago sin esperar nada más que verme, atento a mi reflejo facial. Luego, poco a poco, lentamente voy paseando por mis facciones para observarlas detenidamente, atento a mis poros, arrugas, vellosidades, comisuras, lunares y marcas. Despacio, conociendo y reconociéndome. Luego, del mismo modo, continúo con mis rasgos y gestos. Todo esto ocurre en silencio, sin esperar nada, sin forzarme y sintiéndome observador y observado, fondo y forma, dejando que salga el sigilo de yo que soy en plena discreción.

Para mí, esto es mirarme para verme. Es mirar para ver.

■ **¿Cómo compaginas la magia con tu profesión y tus quehaceres mundanos?**

Como una integridad, todo lo que hago confecciona el mosaico de lo que soy. La magia yace en cada parte que vive en mí y a través de mí. Esto lo digo con el sentido común de no mistificar nada, porque no hace falta.

Cada quien, en su propia acepción de vida, puede saber cómo bulle lo que es mágico. Evidentemente, es cuestión de cada persona el querer divisar esas ondulaciones de vida tan especiales.

Siempre suelo mencionar la palabra deslumbramiento como muestra de lapsos en los que, desde lo cotidiano, aflora la magia. Lo hago desde mi propia vivencia y mi propia visión y experiencia de la realidad. Siento que la magia convive en estado vital porque, sencillamente, la vida es magia en estado liberado, como el arte.

■ **¿Qué consejos le darías a alguien que quiere iniciar su camino mágico?**

No siento que pueda dar consejos, no soy nadie capacitado para hacerlo. Solo puedo compartir mi propia visión, sensación, deducción e interpretación de la vida a través de mensajes y hechos, a través de la comunicación.

Quizás, lo único que podría decir es que la magia es un Más Acá que constantemente se está manifestando a través de la vida y de sus elementos y herramientas. La realidad, sea lo que sea, es su tablero de creación, su laboratorio dispuesto de piezas que, en sus distintos grados e intensidades, funcionan en la medida en que el ojo, la muñeca, el pulso, el sentimiento, la visión, la observación, el músculo y la mente, entre otros, dialogan bajo un fin que es complementario en su acción y reacción.

Observar cuanto nos rodea, haciendo verdadero uso de nuestra mirada, más allá del rutinario gesto de usar los ojos, nos puede servir para darnos cuenta de la vastedad de matices que pueblan nuestro día a día. Hacerlo nos abre las puertas a descubrir que esos matices tienen, en el ojo de sus cerraduras, ventanas que conectan con algo mucho mayor. Pero también, nos servirá para ver que, al mirar por esas cerraduras, podemos poner la mano en el pomo de cada puerta y, quizás, podamos abrir algunas de ellas. Pero eso ya depende del ímpetu y el interés de cada persona. Y, sobre todo, de su respeto y sentido común.

No puedo dar un consejo... Pero, si me lo permites, déjame preguntarte algo: ¿Por qué y para qué quieres iniciar tu camino mágico?

Licenciado en Medicina, Terapeuta analítico y ante todo buscador del arte supremo en los diferentes medios creativos, ya sea la pintura, la literatura o la escultura, o divulgando su importancia en la vida en artículos, conferencias o programas de radio como en *La Escóbula de la Brújula* o el *Dragón Invisible*.

¿QUÉ ES PARA TI LA MAGIA?

Cuando pensamos en la magia podemos pensar en un conjunto de creencias, textos y prácticas, e incluso en una filosofía de vida o en un arte. La magia es un poco todo eso, pero no reside en ninguno de ellos. Realmente la magia no es una partitura musical que puedas reproducir, la magia es una vivencia y, si no la vives, no sabrás nunca lo que es la magia.

En la magia no existen dioses, tan solo imágenes simbólicas de la naturaleza, por eso el mago tiene que aprender a comprenderla y a amarla, para que su voluntad sea capaz, algún día, de controlarla.

¿QUÉ COSTUMBRES, TRADICIONES O HISTORIAS TE HAN IMPACTADO MÁS EN RELACIÓN CON LA MAGIA?

Las únicas costumbres, tradiciones o historias importantes en tu vida son las señales mágicas que te encuentres.

El camino sentido y vivido por los demás no te servirá nunca. La magia es la que te rodea y te hace vivir cada día. Es la que, cuando te levantas por la mañana, te va a llevar en una dirección u otra y se alimentará de tu voluntad. Ella es la causante de que tu vida sea azarosa. El azar te pondrá un libro en las manos, te hará conocer a una persona concreta y en un momento concreto, te hará triunfar en un momento y te hará fracasar en otro.

Al principio corres por tu vida sin saber por qué ocurren estas cosas y vas ahogando inútilmente esas voces que nacen en tu corazón, en ocasiones tenues y dudosas y en otras claras y potentes. Son señales que se muestran en tu entorno de forma evidente, pero que tu no serás capaz de comprender.

Poco a poco te irás sintiendo atraído hacia ellas y te llevaran de un libro a otro, de una persona a otra..., poco a poco tu conciencia se va abriendo y creces y un buen día, lanzando una mirada reflexiva hacia atrás, verás esas señales mágicas que te han ido marcando tu camino, los signos y voces que, desde siempre, te han guiado y ahora empiezas a comprenderlos.

Esas son las tradiciones y las costumbres que te enseñarán tu camino, ese es tu propio poder, que te llevará hacia donde tu deseas. Pero no es un poder que venga de fuera, es un poder que viene de tu interior, de tu propia voluntad.

¿PODRÍAS COMPARTIR CON DETALLE UN HECHIZO QUE CONOZCAS O QUE HAYAS INCORPORADO EN TU VIDA DIARIA Y QUE CREAS QUE PUEDE SER ÚTIL PARA MÁS GENTE?

Considero que, un hechizo, es un paso para alcanzar algo que deseas. El mejor hechizo es entrenar tu voluntad para conseguirlo.

El mago ha de tomar una dirección, una meta, un punto en la lejanía y pase lo que pase ha de seguir adelante. Ha de saber dirigir su capacidad hacia ese punto que se ha marcado.

Para ello lo mejor es afianzar su voluntad en esa meta. Una técnica que suele funcionar es algo tan sencillo como mirarse, por la mañana, durante unos 10 minutos, al día, en el espejo y decirse a sí mismo lo que ha de conseguir ese día. Decírselo de forma sencilla y pausada. Si lo quieres hacer con música suave, con incienso o con velas, tú mismo. Lo importante es que tu conciencia entienda cuál es la misión de ese día.

Cuando pensamos en un hechizo rápidamente vemos velas, meditaciones o sacrificios, todo ello no son más que muletas para convencerte de que vas a conseguir lo que deseas, su valor es inútil si no eres capaz de entender dónde está tu fuerza de voluntad y tu decisión.

¿PODRÍAS COMPARTIR CON DETALLE UN RITUAL QUE HAYAS INCORPORADO EN TU VIDA DIARIA Y QUE CREAS QUE PUEDE SER ÚTIL PARA MÁS GENTE?

Un ritual ha de ser un medio para facilitar la conexión entre:

— Conectar contigo mismo.

— Conectar con la gente que tienes alrededor.

— Conectar con la naturaleza.

— Conectar con lo trascendente.

Cada una de estas capas está arraigada en un conocimiento de muchas tradiciones y sabidurías del mundo.

Un ritual es un medio para unirte, sobre todo a tu entorno y a los que están en él.

No pienses en círculos mágicos, en trajes muy pomposos o recitar palabras aprendidas y repetidas como un loro sin conocimiento y sin emoción, entre humo y cuchillos. Todo eso es una parafernalia para hacerte creer a ti mismo que lo que estás haciendo es muy serio y muy espiritual.

Hay un antiguo cuento sufí que define muy bien lo que es un ritual. Así cuenta que, hace mucho tiempo, había un gran árbol en donde se hacía un gran ritual para la nutrición y protección de las personas y de la naturaleza. El santón y toda la comunidad iban a un árbol concreto, en un bosque concreto, en un lugar concreto, en un día concreto y realizaban un gran ritual, donde cada paso estaba perfectamente definido, con gran boato y parafernalia.

Pero pasaron tiempos difíciles y una generación entera se desparramó por el mundo y se olvidó la tradición.

Cuando los tiempos volvieron a ser mejores, entonces se acordaron de que hacía tiempo hacían un ritual para la protección y la nutrición de las personas y de la naturaleza. Así que decidieron hacer lo que recordaban. Y así fueron a un bosque y, delante de un árbol, realizaron aquellos rituales que creían recordar que hacían sus antepasados. Y aquello fue suficiente.

Volvieron los tiempos difíciles y otra generación se perdió por el mundo. Y se perdió nuevamente el ritual.

Con el tiempo alguien recordó que sus antepasados realizaban un ritual para que las cosas fueran mejor. Entonces decidieron reunirse y, como no sabían qué hacer, se juntaron en un gran abrazo para demostrarse el cariño que se tenían y festejaron la reunión cantando, bailando y comiendo y disfrutaron de ella. Lo hicieron lo mejor posible para que aquel nuevo ritual sirviese y fue suficiente.

La moraleja está clara, hagas lo que hagas, si lo haces bien o mal dará igual, si pones en ello totalmente tu voluntad seas consecuente de él y lo lleves a cabo de la mejor manera posible. El acto que realices no importa.

Esta es la naturaleza del ritual.

Si quieres realizar un buen ritual reúnete con tus amigos, tomaros unas cervezas o un buen vino, contaos vuestros problemas y buscar la manera de cómo ayudaros unos a otros y habréis realizado el mejor acto mágico desde vuestros corazones y desde vuestra conciencia.

■ ¿CÓMO COMPAGINAS LA MAGIA CON TU PROFESIÓN Y TUS QUEHACERES MUNDANOS?

Pues muy fácil, porque la misma vida es magia y la magia está en todo.

Cada acto que realizas, cada elemento que creas, cada ilusión que tienes es un acto mágico que mueve tu vida.

El primer acto mágico de tu día a día es levantarte por la mañana, o ¿no es mágico que tu organismo sea capaz de reiniciarse? ¿No es mágico que vuelvas a tener ilusiones por hacer cosas? ¿No es mágico que el día a día te relaciones con personas, con libros, con proyectos de amigos, con retos que no habías pensado? La creación es el acto mágico por excelencia. Una música es tomar notas desordenadas y crear algo concreto y hermoso, un cuadro es tomar colores sin forma y darle una figuración que nos dé un simbolismo… ¿Acaso no es mágico tomar tu vida, sin esperanzas y desorganizada y conseguir llevarla a una meta que te pongas?

Nunca dejes la magia fuera de tu vida, porque entonces habrás muerto.

■ ¿QUÉ CONSEJOS LE DARÍAS A ALGUIEN QUE QUIERE INICIAR SU CAMINO MÁGICO?

De principio le daría cuatro consejos:

El primero, que nadie puede andar con las zapatillas de su vecino. Vamos que no intente encontrar su camino a seguir, copiando las enseñanzas de nadie. Un libro, una conferencia, un consejo pueden ayudarte a definir qué buscar en tu camino, pero no es tu camino.

No existen reglas establecidas. Los maestros, las religiones, los cursos por correspondencia o el encontrar el grimorio perfecto no existen. Solo existe el estudio, el estudio y el estudio, y aun así siempre tendrás algo más que estudiar y aprender.

Y, por encima de todo, no caigas nunca en la red de aquellos que te van a vender tu desarrollo mágico por una cantidad de dinero y en un fin de semana. Si hay alguien al que conoces y te promete que te va a convertir en un brujo en 15 días, aplícate la frase de Gandalf en el Abismo de Helm, «CORRE INSENSATO».

Y cuarto punto, no hagas nunca caso de un consejo, ni siquiera de estos. Estos me han servido a mí, pero no sé si te valdrán a ti.

La magia no es un fin que alcanzar, es un camino a seguir en la vida.

GAIA SOLER

Sacerdotisa y bruja, Gaia es la Suma Sacerdotisa del coven El Caldero de Cerridwen en Madrid, el primer Coven de la Tradición Greencraft en España. También es Sacerdotisa de Noctiluca, formada en La Cueva de las Aguas.

¿QUÉ ES PARA TI LA MAGIA?

Muchas personas, con un gran dominio de la magia, han tratado de definirla, por lo que nos encontramos con un numero de definiciones, muchas coinciden otras no tanto. Para mí definir la magia es algo muy complejo y a su vez muy sencillo.

La forma más sencilla es decir que la magia es la vida misma, el aire que respiramos, el agua que bebemos, la tierra que nos nutre y el fuego que nos anima. El sol, la luna, las estrellas. La fuerza de las mareas y el viento, un atardecer, el susurro de los árboles y el vuelo de las aves. Una risa, un canto, la música, la danza y los lazos que nos unen. En todas estas cosas y más, hay una fuerza innegable que todos podemos observar y sentir. Las personas que trabajan con la magia (chamana, brujas, magas, etc.) utilizamos las fuerzas de la naturaleza para ayudarnos en nuestros trabajos mágicos, esas fuerzas que están en nuestro interior. Esto está al alcance de todos.

Entramos en lo complejo cuando nos damos cuenta de que no todas son capaces de hacer magia, magia a voluntad. Y aunque la fuente de la magia, la vida y la naturaleza, está ahí para todos, falta un componente esencial y es la capacidad de hacer cambios a voluntad. La magia es transformación y cambio desde lo interno a lo externo, desde el plano espiritual al material. La magia es el arte de la transformación a voluntad y cuando la bruja, maga o chamana trata de cambiar el mundo que le rodea, esta también cambia a la persona que practica la magia.

¿QUÉ COSTUMBRES, TRADICIONES O HISTORIAS TE HAN IMPACTADO MÁS EN RELACIÓN CON LA MAGIA?

Lo que más me ha impactado es darme cuenta de que las practicas mágicas son las mismas en todas las culturas y a través del tiempo. Me explicaré ya que, si miramos a simple vista difiere mucho la práctica que se puede llevar a cabo en un ritual de la Golden Dawn, que las de un chamán en la estepa siberiana. Pero si observamos con más detenimiento, si despojamos al ritual de los adornos culturales o de las diversas tradiciones marca, vemos que, en cada ritual subyace lo mismo, la necesidad de transformar la realidad y lo que varía son las herramientas que usamos para lograrlo. Todos utilizamos las mismas fuerzas de la naturaleza, entendiendo esta, no solo los planos visibles sino todo el conjunto, lo que vemos y lo que percibimos o sentimos al otro lado del velo. Lo que nos diferencia es la forma en la accedemos a estos planos, cómo logramos llegar y utilizar estas fuerzas para producir los cambios deseados. Y cómo cada costumbre, tradición o historia ha definido las leyes naturales y cómo ha descrito los caminos y las herramientas que nos ayudan a transitar en estos.

Voy a poner un ejemplo, toda la humanidad sabe y entiende que hay una fuerza vital que nos anima, en sánscrito a esta la llaman Prana, en el antiguo Egipto la llamaban Ba, los hebreos la llaman Ruah, los griegos la conocían como Pneuma y en Japón la llaman Ki, Mana en la Polinesia y Chi en China. Y todos están hablando de lo mismo, la energía vital o aliento de vida, pero cada una la define según su cultura y tiempo y por eso vemos matices diferentes entre unos y otros, pero al final hablamos de lo mismo, al fin y al cabo, como dije antes, la magia es la vida misma y por tanto es lo mismo para todos.

¿Podrías compartir con detalle un hechizo que conozcas o que hayas incorporado en tu vida diaria y que creas que puede ser útil para más gente?

Habitualmente vemos que se dan hechizos como si de una receta de bizcocho se tratara, que teniendo los ingredientes y siguiendo los pasos de la receta siempre sale igual. Y la magia no funciona así. Ya que el elemento más importante es la persona que practica la magia, su preparación, su motivación y su concentración, entre otros muchos factores. Es por esto que no hay dos hechizos, conjuros o encantamientos iguales, aunque sea siguiendo la misma receta, e incluso haciéndolo la misma persona en momentos diferentes, pues con cada trabajo mágico la persona cambia. Es por lo que siempre recomiendo crear tu propio hechizo, en función a tus conocimientos y medios y en base a tus necesidades. Estos suelen ser los más eficaces.

Para mí, una de las cosas más importantes es mantener limpio tu espacio, al igual que a ti mismo, física y energéticamente, por lo que al menos una vez al mes hago mi limpieza energética en casa: comienzo por una física, sino no surtiría efecto, tomo agua con sal y vinagre y limpio con esta mezcla, a la vez que visualizo cómo se disuelve toda energía estancada o inadecuada en este momento y lugar y mientras recito un ensalmo, créalo tú, pero puede ser algo así: Por los poderes del agua y la tierra, mi casa queda limpia de toda impureza.

Después enciendo un incienso, puede ser el que más te guste, pero para mí lo mejor es el copal o la salvia blanca cuando hago una limpieza, paso el humo por toda la casa y visualizo cómo se libera toda energía estancada o inadecuada y se llena de armonía con el humo, y recito: Por los poderes del viento y el fuego mi casa queda limpia en todo momento.

Cuando hago una limpieza siempre me muevo en sentido antihorario por toda la casa, comenzando desde la puerta de entrada de cada habitación o de la casa para terminar en este punto dejando fuera todo lo que me pueda perturbar.

■ ¿PODRÍAS COMPARTIR CON DETALLE UN RITUAL QUE HAYAS INCORPORADO EN TU VIDA DIARIA Y QUE CREAS QUE PUEDE SER ÚTIL PARA MÁS GENTE?

Para mí y mi práctica diaria hay varios rituales que considero de gran importancia, son básicos para la práctica de magia. Y cuando digo básico, me refiero a que es el fundamento o raíz de toda práctica mágica. El primer ritual o ejercicio es la limpieza, es lo primero que hago en el día, al entrar en la ducha visualizo cómo el agua no solo limpia mi cuerpo, sino mi aura o campo energético mientras recito (puede ser mentalmente): Al igual que limpio mi cuerpo, limpio mi mente, mis emociones y mi alma.

La segunda práctica es el anclado a tierra o meditación del árbol. Al principio, para quien no tiene práctica, recomiendo un lugar tranquilo y sin interrupciones, con el tiempo no lleva más de dos o tres minutos y lo puedes hacer en cualquier lugar y momento. Para ello visualizas como desde tu chacra raíz sale una pequeña raíz, como si de una semilla que germina se tratara, y cómo va buscando la tierra, puede bifurcarse y bajar por tus piernas si te encuentras de pie. O si estas sentada en el suelo cómo va penetrando en el suelo desde tu sacro, según va ganando profundidad esta raíz va engrosando y dividiéndose, como la raíz de un árbol, con cada respiración se hace más fuerte y profunda, pasando por cada capa de la tierra hasta llegar al propio corazón del planeta Tierra y, desde allí, tomas la energía cálida y revitalizadora de la Tierra y la subes por las raíces, capa a capa hasta llegar de nuevo a tus pies y a tu sacro, y desde ahí por tu columna va subiendo por todo tu cuerpo, caderas, vientre, pecho, cuello, cabeza y sientes cómo te llena de vitalidad, de salud, de bienestar y al llegar a tu chacra corona, tu coronilla, se desborda, cubriendo todo tu cuerpo. Notas cómo desde la coronilla salen unas ramas, alimentadas por la energía de la Tierra, que cada vez van creciendo más, llegando al techo y, saliendo por este, suben hasta las nubes y ,con cada respiración, son más fuertes y altas y salen de la atmosfera, siguen subiendo buscando el Sol, y cuando llegan al Sol buscan su centro y desde ahí, sientes cómo la energía de este se derrama por las ramas, como si de una lluvia plateada y fresca se tratara y va bajando por las ramas hasta llegar a la atmosfera, al techo y a tu chacra corona, y sigue bajando por tu columna llenándote de vitalidad fresca y vibrante, de fuerza y energía. En este momento sientes cómo la energía del cielo y la tierra se mezclan en ti, llenado cada célula de tu cuerpo, tu aura y todo tu sistema energético, regenerándolo y potenciándolo.

Y como tercera práctica diaria, dedica unos minutos a observar tu entorno, la luna, el sol, las plantas, el viento, lo pájaros, observa la marea del día, la marea de la luna y la marea del año. Gran parte de la magia natural parte de saber qué y cuándo se producen los cambios y cómo te afectan a ti y a los demás.

¿CÓMO COMPAGINAS LA MAGIA CON TU PROFESIÓN Y TUS QUEHACERES MUNDANOS?

Como ya comenté, la magia es la vida misma, el aire, el agua, la tierra y el fuego: los cuatro elementos. El sol, la luna, las estrellas. La fuerza de las mareas y el viento, un atardecer, el susurro de los árboles y el vuelo de las aves. Una risa, un canto, la música, la danza y los lazos que nos unen. Y todas estas cosas están presentes en cada momento de mi vida, no hay una distinción de Gaia bruja y sacerdotisa, de la Gaia profesional, ama de casa, madre, o en momento de ocio. Como he comentado muchas veces me acuesto bruja y me levanto bruja. Es cierto que, hay momentos en tienes que centrarte más en una actividad que en otra. Cuando estoy en el trabajo me centro en la tarea que he de realizar, y cuando estoy en un ritual no pienso en el trabajo u otras cosas que no sea lo que estoy haciendo en el momento. Pero, cuando vas a trabajar, puedes observar la salida del sol, oler el viento, sentir el silencio o el murmullo de los pájaros. A lo largo del día, aunque estés haciendo tareas mundanas, hay espacio para conectar con lo inefable, con lo divino, con la magia. Y hay momentos en tu vida diaria que te apoyas en la magia para lograr tus objetivos. Así que, para mí, no hay una distinción clara entre una cosa y la otra. La magia está en todo, y si disfrutas, también está en todo lo que haces.

¿QUÉ CONSEJOS LE DARÍAS A ALGUIEN QUE QUIERE INICIAR SU CAMINO MÁGICO?

Supongo que cada persona, como camino mágico, tiene sus formas de acceder al mundo de la magia, pero en lo que a la Wicca se refiere, mucha gente me pregunta por dónde comenzar. Para mí lo primero es comprobar que realmente te llama este camino, y que es tu lugar y tu momento. La magia, la Wicca, es un bello camino por el que transitar, también es fatigoso y requiere mucho esfuerzo y tiempo para lograr resultados. Y, en muchos casos, va a poner tu mundo del revés.

Una vez echa esta advertencia voy a dar algunas pistas que pueden ayudar a dar los primeros pasos. Lee todo lo que puedas, te encontrarás con muy buenas publicaciones, otras no tan buenas y alguna pésima, pero no importa, eso te ayudará a crear criterio propio y aprenderás a discernir entre unas y otras. No olvides contrastar la información, buscar las fuentes y ante la duda acude a las fuentes originales.

No te límites a leer, analiza lo que lees, qué sensaciones te produce. ¿Te resuena? ¿Te resulta familiar? ¿Te incomodan? ¿Te confronta con tus actuales creencias? Y si es así, te has preguntado si te sientes a gusto con tus creencias actuales. ¿De dónde surgen tus creencias?, ¿han sido inculcadas en la infancia o las has ido adquiriendo con el tiempo? Si nacen en tu infancia, ¿te son válidas en este momento de tu vida?, y si las has ido adquiriendo con el tiempo, las has adquirido conscientemente, ¿lo has elegido o son también inculcadas por la sociedad o el entorno?, ¿qué vas hacer con ellas? Revisa tus creencias y cuestiónalas de nuevo, de dónde nacen, si son tus experiencias o te las han impuesto, si te son útiles o traban tu vida, si estás conforme con ellas o no. Si la respuesta es no, cambia tus creencias, créalas con tu experiencia y no con la de otros, siendo consciente de esto: tu magia va a depender de tu control sobre tu inconsciente.

Sal a la naturaleza, observa el mundo que te rodea. Siente que formas parte de ella, que estás en sintonía con el resto de seres que conforman el mundo visible e invisible. Escucha, para y respira. Contrasta con tus experiencias aquello que has aprendido.

Lee de nuevo y mira qué es lo que te ofrece la Wicca y si encaja en tu sistema de creencias o si quieres modificar tus antiguas creencias por la Wicca de forma plena y sin restricciones. La Wicca no te va decir qué tienes que hacer o qué no y siempre te va pedir que te cerciores de lo que sientes, piensas y crees y que haya coherencia entre ello.

Una vez que tienes claro tu camino, experimenta, vive este camino y disfruta de ello. Busca gente afín con tus creencias, si ese es tu deseo, con la que compartir las experiencias adquiridas y aprender de las suyas.

Si al final decides que quieres ser parte de un grupo, una vez definidas tus creencias, busca aquellos grupos o personas que son afines a tus convicciones. Y deja que te conozcan y ve conociéndolos a ellos. Llegará el momento en que quieras dar el paso y sabrás, con toda certeza, que es el camino para ti.

Y por supuesto práctica y práctica, porque la magia tiene que ver con tus vivencias, con tus emociones, con tus experiencias y estas no se logran solo leyendo. Sal al mundo y vive la magia.

JESÚS CALLEJO

Jesús Callejo es escritor, investigador de leyendas y tradiciones populares, autor del libro *He visto cosas que no creerías*, director del pódcast *La Escóbula de la Brújula*, colaborador de SER Historia y el pódcast *Mindfacts*.

¿QUÉ ES PARA TI LA MAGIA?

Eso que llamamos magia, fuera del contexto del ilusionismo, es un concepto muy complejo que, a mi entender, pertenece al dominio del arte, de las humanidades y de la ciencia experimental. Concierne al manejo de algunas fuerzas naturales y sobrenaturales cuyos efectos, por extraños que nos puedan parecer, obedecen a unas leyes que, a veces, rebasan nuestra lógica cartesiana y juegan un papel considerable en la historia de las religiones. En mis libros utilizo con mucha frecuencia el adjetivo *mágico* referido a enclaves y objetos concretos, porque en ellos se conserva a día de hoy ese toque ancestral de misterio, de poder y de espiritualidad que las leyendas, tradiciones y rituales se encargan de potenciar y de valorar.

¿QUÉ COSTUMBRES, TRADICIONES O HISTORIAS TE HAN IMPACTADO MÁS EN RELACIÓN CON LA MAGIA?

Hay muchas, pero por escoger una sola recuerdo que cuando leí la *Antología de Literatura fantástica* (1940), escrita por Jorge Luis Borges, Bioy Casares y Silvina Ocampo, incluyeron una breve historia del antropólogo escocés James G. Frazer, el autor de *La rama dorada*, a la que yo tengo como una obra de culto, en cuanto a recoger hechos anómalos y extraños dentro del mundo del chamanismo, la hechicería y los rituales mágicos. Y contaba un relato, recogido cerca de Oldengurg, en el Ducado de Holstein, que trataba de una dama que comía y bebía alegremente y deseó vivir para siempre. Dice así: «En los primeros cien años todo fue bien, pero después empezó a encogerse y arrugarse, hasta que no pudo andar, ni estar de pie, ni comer, ni beber. Pero tampoco podía morir. Al principio la alimentaban como si fuera una niñita, pero llegó a ser tan diminuta que la metieron en una botella de vidrio y la colgaron en una iglesia. Todavía está allí, en la iglesia de Santa María, en Lübeck. Es del tamaño de una rata y una vez al año se mueve». Con independencia de su credibilidad, me parece un relato impactante del pensamiento mágico europeo donde todo es posible, hasta lo imposible.

■ ¿Podrías compartir con detalle un hechizo que conozcas o que hayas incorporado en tu vida diaria y que creas que puede ser útil para más gente?

Si un hechizo es un acto mágico que pretende producir efectos sobre la realidad, el más poderoso que conozco es un conjuro que se llama oración, pero no una oración recitada de memoria sea cristiana, pagana, budista o un mantra encabezado por el *om*. Es un hechizo para mí mismo. Me refiero a la oración expresada con el corazón, que me ayuda a entrar en estados profundos de concentración, en estados expandidos de conciencia. Primero pienso en el problema real que estoy viviendo y mentalmente invoco, convoco y rezo a mi dios, a mis espíritus protectores, para resolver o eludir ese problema, luego, ese deseo lo fortalezco si lo verbalizo y mucho más si lo pongo por escrito. No sé si todo esto es un hechizo, hecho y derecho, pero me suele funcionar.

Solo puedo decir que desde hace siglos existe la certeza de que las creencias y la fe pueden desencadenar no solo un proceso de autoconocimiento, sino también de autocuraciones, por lo que resulta difícil establecer la frontera entre la sanación (física o psicosomática) causada por el placebo y la sanación producida por la acción de la energía psíquica de nuestra propia mente.

■ ¿Podrías compartir con detalle un ritual que hayas incorporado en tu vida diaria y que creas que puede ser útil para más gente?

No soy mucho de rituales, es decir, que soy más dado a la parte teórica que a la práctica, pero reconozco que cada noche de San Juan realizo un ritual denominado «agua de san Juan». Recojo de mi patio hojas y flores (a ser posibles aromáticas como romero, ruda,

hierbaluisa, salvia o espliego) para meterlas luego en un cubo o barreño que tenga más a mano y las inundo con agua. ¿Para qué? Para
dejar todo este mejunje acuático y herbario expuesto al relente de la
noche, o sea, al influjo de los rayos cósmicos y lunares, de tal manera que, a la mañana siguiente, con esa agua, hago mis abluciones,
porque se supone que ese líquido ha adquirido *virtud*. En otras palabras, me lavo manos, cara y parte de mi anatomía con fruición, apro-
vechando las supuestas cualidades virtuosas, cutáneas y terapéuticas
que dicen posee dicha agua *energetizada* en una noche tan mágica. A
este ritual, que en Galicia lo llaman «facer o cacho», se le atribuyen
efectos de lo más positivos porque vale para casi todo, desde alejar
a malos espíritus, hasta purificar el alma y gozar de buena salud. Al
menos, limpio y lustroso me quedo…

¿Cómo compaginas la magia con tu profesión y tus quehaceres mundanos?

Creo y considero que el mundo está lleno de magia. Solo hay que saber *mirar*. Solo hay que saber descubrirla. Hay señales, sincronicida-
des, símbolos, mitos, ritos y elementos que suelen pasar desaperci-
dos para el resto de los mortales. Creo que nada es casual y que todo
obedece a un propósito. Creo que hay que llenar la vida de belleza y
de poesía. Creo que hay que vivir con sentido poético, esto es, con sabiduría y proyectando luz sobre las cosas y las personas, descubriendo
los profundos tesoros que encierra nuestra vida. Creo que incluso en
nuestros quehaceres más mundanos hay que ser impecables y realizar siempre una obra de arte, una realidad armónica y bien formada.
Creo que en la vida se debe plasmar, de forma efectiva, la síntesis de
aquellas tres cualidades que debe tener el Ser, la triada que resume los
grandes valores de la humanidad: la Bondad, la Verdad y la Belleza,
puestas de relieve por la filosofía platónica y perenne. Ese es mi objetivo al menos cada día, compaginar lo cotidiano con lo maravilloso,
lo profano con lo sagrado y lo ordinario con lo extraordinario.

¿Qué consejos le darías a alguien que quiere iniciar su camino mágico?

A veces yo mismo me pregunto si estoy en el camino correcto y
recuerdo un proverbio chino que dice: «Cuando el ojo no está

bloqueado, el resultado es la visión. Cuando la mente no está bloqueada, el resultado es la sabiduría, y cuando el espíritu no está bloqueado, el resultado es el amor». Y me doy cuenta que esa palabra, amor, es la clave. «El amor es la magia más poderosa de todas. Cuando aprendas a amar al infierno, te encontrarás en el cielo», dice el *Manual de iluminación para holgazanes*, de Taddeus Golas. Y ya sabemos que una vida no vivida, en su sentido más amplio, es una vida perdida o más bien malgastada. ¿Remedio? Existe un camino mágico, heroico, revelador, asombroso, sapiencial y profundamente amoroso. La palabra amor es la fuerza universal que nos une, en contraposición al desamor u odio, que nos desune, nos debilita y nos desintegra. El amor atrae y el odio repele. El amor multiplica y el odio nos divide. Para mi está claro que esas dos fuerzas son muy, muy poderosas. Y según la que elijamos, nuestro camino y destino en la vida está en juego. Decía Rumi, uno de los místicos derviches más influyentes del mundo: «Tu tarea no es buscar el amor, sino simplemente buscar y encontrar todas las barreras dentro de ti que has construido contra él».

Creo sinceramente que el amor es el que da valor a todas las cosas. Cuentan que una periodista, viendo a la Madre Teresa de Calcuta limpiar con gran ternura a un leproso, le dijo:

—Uyy, hermanita… Yo no sería capaz de hacer eso, ni por todo el oro del mundo.

Y la Madre Teresa le respondió:

—Ni yo tampoco… Lo hago por amor.

Como sabes, a mí me gusta ilustrar algunas reflexiones con cuentos y te cuento uno de Arthur C. Clarke que se titula *Amad ese universo*. Está ambientando en una época futura en la que nuestra humanidad ha detectado algo muy grave y es que el Sol está a punto de morir como consecuencia de la aproximación de un astro negro. Los días del planeta y de la humanidad están contados. Es imposible abandonar la Tierra a tiempo. La única esperanza sería entrar en contacto con una lejana supercivilización extraterrestre ubicada en el Corazón Galáctico capaz de crear y modificar las estrellas y, por consiguiente, alterar la trayectoria de ese astro negro. Pero para que llegue a tiempo su ayuda, no en vano está a 7.000 años luz, la comunicación interestelar tendría que ser más rápida que la velocidad de la luz. Y no conocen nada que sea más rápido que la luz ¿o sí? Los científicos están de acuerdo que el miedo es un poderoso generador...

pero no lo es suficientemente. Aun cuando pudieran someter a toda la humanidad a un instante simultáneo de terror, el impulso no podría ser detectado más que a dos mil años-luz. Necesitan cuatro veces ese radio de alcance. Y lo podrían lograr... utilizando la única emoción que es más fuerte que el miedo. Si todos los habitantes de la Tierra emiten simultáneamente un sentimiento de unión y de amor recíproco, se alcanzaría esa velocidad. El científico jefe aseguró que, en tal momento de crisis, «debemos amarnos los unos a los otros o morir».

Eso que sirve para la humanidad en general también sirve para cada uno de nosotros en particular. Ese es el camino. Esa es la auténtica magia de la vida. Cualquier acto mágico, sea un hechizo o un ritual, realizado con esencias de amor, nunca puede fallar.

ISRAEL ESPINO

Israel Espino, periodista y escritora. Magister en Antropología de las Creencias, Especialista Universitaria en Mitología y Simbología.

■ Qué es para ti la magia?

La magia es el eco de antiguos rituales y la inspiración para nuevas creaciones. A través de ella, los sueños toman forma y las realidades se entretejen, formando un puente entre lo ordinario y lo extraordinario, entre lo visible y lo invisible. Es una energía que se entiende y respeta, fluye como un río salvaje y quien se sumerge en sus aguas debe fluir con ella, en lugar de contra ella. Es un reconocimiento de que somos parte de un tejido cósmico mucho más grande, la certeza de que hay más en este mundo de lo que los ojos pueden ver, una invitación a explorar los límites de la realidad y a abrazar lo inexplicable, un recordatorio eterno de que, incluso en la era de la razón, el misterio perdura y la maravilla persiste.

■ ¿Qué costumbres, tradiciones o historias te han impactado más en relación con la magia?

Como mitóloga me han llamado la atención muchísimas creencias relacionadas con la magia en todas las culturas, pero reconozco que siempre había pensado que la leyenda y el folklore pesaban más que la realidad en todas ellas.

Especialmente me impactaban aquellas historias en las que los magos o las brujas podían convocar terribles tormentas y vientos huracanados (siempre he adorado las tormentas), aunque también me han apasionado siempre el mundo feérico, y ahora que estoy metida de lleno en la investigación de la tesis doctoral, más todavía.

Pero lo que más me impresiona es cuando mi faceta de antropóloga se une a la de periodista, es decir, cuando la leyenda se convierte en realidad, cuando me encuentro cara a cara con personas que han vivido la magia de una u otra manera. Y me lo cuentan.

Así que puedes imaginarte qué cara se me quedó cuando una tarde, yendo a trabajar con una compañera, mientras hablábamos de la magia, le comenté que me encantaría saber si los seres feéricos existen.

—Claro que sí —me contestó.

—¿Cómo puedes afirmarlo con tanta seguridad? —le pregunté.

—Porque los he visto —me contestó. Y se quedó tan ancha.

Lo cierto es que, si mi compañera fuera otra persona, quizá me hubiese sorprendido, o hubiese arqueado una ceja con escepticismo, pero la mujer que caminaba a mi lado tenía un bagaje mágico difícilmente equiparable: era Paloma Navarrete.

Estábamos investigando un caso de apariciones espectrales en un antiguo convento para el programa televisivo *Cuarto Milenio*, así que mientras nos dirigíamos hacia allí le insté a que me contase sus experiencias antes de llegar al *trabajo*.

Según me contó Paloma, las dos ocurrieron con un mago llamado André, y ambas tuvieron lugar en un lugar remoto de Andalucía, donde por entonces estaba viviendo este curioso personaje.

En una de las ocasiones en las que había ido a ver a André, el coche, que acababa de aparcar y que debía tener mal puesto el freno de mano, comenzó a rodar hacia abajo por una gran cuesta. Alarmada, salió corriendo detrás del automóvil, cuando de repente vio salir de uno de los lados del camino a un ser de pequeño tamaño que sujetó el coche, dándole tiempo a ella a meterse dentro y poner el freno de mano. Cuando, anonadada, volvió a la cima junto a André, le pregunto si él también había visto el extraño ser que había parado su coche.

—Claro —le contestó el mago, sonriendo— es un gnomo. Yo le invoqué para que te ayudase.

Sonriendo al ver mi cara de pasmada a medida que ella hablaba, y con una naturalidad asombrosa, me contó cómo en otra ocasión fue testigo, con el mismo brujo, de cómo convocaba a los vientos desde lo alto de una montaña, y cómo a través de la magia y de unas palabras en un extraño idioma, fue capaz de convertir una tranquila noche, sin una ligera brisa, en una experiencia huracanada, ya que tanto ella como el resto de los acompañantes tuvieron que asirse a los escasos arbolillos que allí había para no caer de la montaña, impulsados por la fuerza del viento huracanado. El viento fue amainando a medida que la invocación de André descendía de tono, hasta que el mago quedó en silencio y todo volvió a la normalidad anterior, en la que no se movía ni una sola hoja de los árboles.

Si eso no es magia de la buena, que baje Paloma y nos lo diga.

■ ¿PODRÍAS COMPARTIR CON DETALLE UN HECHIZO QUE CONOZCAS O QUE HAYAS INCORPORADO EN TU VIDA DIARIA Y QUE CREAS QUE PUEDE SER ÚTIL PARA MÁS GENTE?

Soy muy vaga y muy miedosa para realizar hechizos en mi vida diaria, a no ser que sean de protección, pero hablando de tormentas causadas por la magia y de cómo evitarlas, me dejó realmente impactada descubrir que, en el norte de Extremadura, la única manera de evitar que estas tormentas, provocadas por brujas, asolen tu sembrado o tu huerta es medir tu parcela con trenzas de niñas muertas.

Aunque mi preferido es este hechizo apotropaico hurdano, que contiene un *responso* que se recitaba antes de salir de casa, cuando por algún motivo tenías que *echarte al monte* después de que el sol se ocultara entre los valles y los montes de la mágica comarca extremeña de Las Hurdes —una zona liminal, misteriosa y legendaria en la que la magia aún se siente, se vive y se palpa.

Mientras se recitaba el responso, había que mojar tres dedos en aceite y hacer tres cruces en cada uno de los brazos y otras tres desde la frente al corazón.

> «Por Santa Comba y San Combón,
> váiganse brujas y mengas
> y el dimonio del tizón.
> Váiganse Jáncanas malas
> a la lumbre y lumbrerón.
> Váiganse el Machu Lanú,
> la Encorujá, el Pajarón
> y tós los males jerniales,
> váiganse al Pozo Airón.
> Tres deos untaos en aceite,
> de la frente al corazón.
> Tres cruces en dambos brazos,
> cruces de Nuestro Señor».

Se trata de un responso finalmente cristianizado, pero que encierra en su interior muchas de las creencias del folklore del pueblo hurdano, que enfrenta a este conjuro toda una mitología se seres mágicos, con la ayuda de una santa inexistente, que antes que santa fue bruja.

Y es que Santa Comba, como *meiga* mayor de Galicia y aunque posteriormente se pasó al cristianismo, nunca se le reconoció santidad, aunque llegó a convertirse en la patrona de las brujas. Hoy es una santa popular, invocada para protegerse de los demonios, su especialidad.

Y precisamente del Demonio Tizón te protege el conjuro, pero también de las *jáncanas*, que son unas mujeres sobrenaturales, a veces híbridas, en ocasiones metamórficas, que cambian de aspecto y cuyas características se entrecruzan con las moras míticas, con las hadas feéricas, con las ogresas de los cuentos o con las brujas hurdanas, como la Encorujá extremeña, una bruja transformista y secuestradora de niños y de hombres, a la que también se repele en el hechizo.

Las palabras también sirven para esquivar la muerte, ya que el Pajarón que se menciona es el Pájaro de la Muerte, una extraña ave indeterminada que anuncia la muerte de un enfermo, golpeando con sus alas la ventana del moribundo, o graznando cerca de su casa el nombre del futuro cadáver.

Todos los males conjurados son enviados al «pozo airón», que son simas de agua (de los que todavía quedan muchas en la península ibérica) dedicadas al dios prerromano Airón, y que supuestamente no tiene fondo.

Pura magia del territorio.

¿PODRÍAS COMPARTIR CON DETALLE UN RITUAL QUE HAYAS INCORPORADO EN TU VIDA DIARIA Y QUE CREAS QUE PUEDE SER ÚTIL PARA MÁS GENTE?

No suelo realizar rituales, al menos conscientemente, aunque llevo siempre un collar que mandé hacer a un joyero, con siete amuletos de plata. Cada amuleto lo compré en un país diferente y pertenece a culturas distintas. Cada vez que viajo suelo encontrar una pieza especial y las voy guardando. Cada cierto tiempo, el cuerpo (o el alma, vete tú a saber) me pide cambiar alguna de las piezas por otras, sin ninguna razón aparente.

En estos momentos llevo la flor hexapétala, la higa, el *gorgoneion* (la cabeza de Medusa), el Green Man (El hombre verde), Cernnunos (el dios astado) y la lúnula (luna con rostro humano).

Cuando me encuentro en una situación difícil o tengo alguna duda, solo tengo que acariciar el collar para tranquilizarme.

¿CÓMO COMPAGINAS LA MAGIA CON TU PROFESIÓN Y TUS QUEHACERES MUNDANOS?

Mi profesión está totalmente relacionada con la magia, así que no es difícil, aunque mi papel respecto a ella es más de recopiladora, documentalista y comunicadora que de practicante.

Cuando era adolescente la magia sí que estaba más presente en mi vida. Recuerdo que solía utilizar una vela para comunicarme con presencias invisibles. La llama menguaba y se alargaba ante mis preguntas en una conversación que aún ahora, muchos años después, recuerdo con estupor.

Más adelante, utilicé también las velas, en varias ocasiones, para fines menos tenebrosos y más románticos. Si quería que un chico me llamara, solo tenía que concentrarme en la llama y mandar mis pensamientos envueltos en el humo, para que llegasen hasta el pobre infeliz, que en menos de diez minutos me estaba llamando, a pesar de encontrarse a cientos de kilómetros. Todo un WhatsApp flamígero. Ahora sigo empleando las velas, pero de una forma mucho más sutil. Las enciendo para escribir mis libros. En mi despacho, rodeada de amuletos, de ídolos antiguos y diosas olvidadas, arde siempre una vela que titila, como la magia leve de los seres que estudio.

¿QUÉ CONSEJOS LE DARÍAS A ALGUIEN QUE QUIERE INICIAR SU CAMINO MÁGICO?

Comienza investigando tradiciones y prácticas mágicas a través de fuentes fiables. Define tus intenciones y metas y ten por seguro que los deseos pueden hacerse realidad. Mantén la mente abierta pero crítica, explora perspectivas y no dejes de aprender.

OCCVLTA

Occvlta es la iniciativa de dos personas, Héctor y Júlia, creada en 2013 cuyo objetivo principal se centra en la difusión, la didáctica, y la elaboración de productos herbales y formaciones sobre etnobotánica, folklore, y herbalismo. Compaginan sus labores de divulgación con trabajo en museos, entidades culturales, talleres y docencia universitaria.

▉ ¿QUÉ ES PARA VOSOTROS LA MAGIA?

La magia es la materialización de la verdadera Voluntad. La catarsis de la intención espiritual, un impulso sincero de establecer una conexión con el Todo, a través de acciones intencionadas que pretenden trascender más allá de la vida cotidiana. La verdadera voluntad no se adquiere a través de la autoindulgencia, sino mediante el trabajo duro y la convicción en el poder de uno mismo y en sus propios objetivos. Como animistas, sabemos que la magia está presente en todo, pues todo tiene ánimo y voluntad propias: cada persona (y eso incluye seres no humanos, no tangibles) tiene una trayectoria y una intención. La magia puebla el mundo y es algo tan natural como respirar. No obstante, hay que recordar que la magia también es utilizada como una mascarada: no se muestra, aunque se practique y creemos que, en el silencio y en la intimidad, también reside parte de su éxito. *Silentium est aurum.*

▉ ¿QUÉ COSTUMBRES, TRADICIONES O HISTORIAS OS HAN IMPACTADO MÁS EN RELACIÓN CON LA MAGIA?

Nosotros hallamos mucha inspiración en la vida y obra de muchos autores que han hecho de la magia un modo de vida: Austin Osman Spare, Rosaleen Norton, Jack Parsons, o Andrew Chumbley, por citar unos pocos. Creemos que la forma en que se toman decisiones y se honra el proceso mágico es también una señal de éxito. De todos modos, no menospreciamos, en absoluto, la relevancia de lo que se conoce como magia popular o de tipo tradicional, comúnmente conocida como *baja magia*. En la tradición popular hallamos vestigios poderosísimos de conexión con lo numinoso y de dominio de la voluntad. En el conocimiento del entorno más inmediato y más emocional se halla una fuente inagotable de magia. En prácticas otrora denostadas, como el curanderismo o la magia amorosa, podemos encontrar valiosos testimonios del poder mágico que, aunque hayan caído en desuso por parecer banales a ciertos sectores del esoterismo, son resultado de necesidades muy humanas que no debieran ser despreciadas.

■ **¿Podríais compartir con detalle un hechizo que conozcáis o que hayáis incorporado en vuestra vida diaria y que creáis que puede ser útil para más gente?**

Aunque trabajamos en nuestra vida diaria con la magia *sigilítica* (la elaboración de sigilos o símbolos que encapsulan un deseo cumplido), lo que nos gustaría relatar es la vivencia de un hechizo o práctica mágico-medicinal que podría categorizarse como curanderismo. En una ocasión, nos encontramos con una persona que tenía la reputación de ser tremendamente efectiva en su práctica, y de hecho conocíamos otras personas a quien había ayudado. No obstante, siempre queda un resquicio de duda razonable, así que teníamos un escepticismo sano respecto a su éxito. Aun así, acudimos a la persona en cuestión por una lesión en el costado y dicha persona identificó el daño; con una serie de gestos le puso remedio inmediato. Esa resultó ser una de las experiencias más potentes de curación que jamás hayamos vivido, algo que nos abrió los ojos a la posibilidad de lo inefable. Y esto solo puede categorizarse como magia y conocimiento del propio potencial.

■ **¿Podríais compartir con detalle un ritual que hayáis incorporado en vuestra vida diaria y que creáis que puede ser útil para más gente?**

Una de nuestras prácticas rituales favoritas sería la que llevamos a cabo varias veces al año, coincidiendo con momentos claves del calendario tradicional (Noche de Difuntos, Navidad, San Juan, fiestas de la cosecha,...), en el que prendemos inciensos, hacemos ofrendas y protegemos la casa y los espíritus que residen en ella de cualquier mal potencial o desgracia. En primer lugar, limpiamos físicamente la casa y luego nos paseamos por todas las estancias prendiendo velas e inciensos, haciendo que la luz y el humo lo invadan todo. Hacemos de ello una gran celebración y dejamos comida en nuestro altar para los espíritus domésticos y los difuntos. También trabajamos mucho con puntos específicos del territorio, como los cruces de caminos, campos y senderos: en ellos llevamos a cabo trabajos de protección, abundancia, fortalecimiento y adivinación, entre otros. El poder mismo del lugar, así como de sus seres pobladores es necesario y amplificador de cualquier trabajo mágico que se lleve a cabo.

■ ¿CÓMO COMPAGINÁIS LA MAGIA CON VUESTRA PROFESIÓN Y VUESTROS QUEHACERES MUNDANOS?

Occvlta, la iniciativa que creamos en 2013, nace y vive para la magia y el trabajo con espíritus del territorio. Todo lo que hemos hecho y obtenido se debe a ello. Nuestra profesión diaria va de la mano del conocimiento y práctica mágicas. Investigamos el tema y compartimos nuestras conclusiones y métodos con el público, por lo que la tenemos muy presente. Junto con ello, tenemos muy en cuenta la magia en las decisiones que tomamos en la vida, pues tomamos en consideración las señales de nuestro entorno a la hora de escoger qué paso dar a continuación. Creemos que, al practicante de magia, esta le ayuda en todas las facetas de la vida y que, negarse a ello, sería caer en un error de coherencia difícilmente solventable. El deber del practicante de magia reside en hacer de ella un aliado constante, pues la magia crece a medida que establecemos una relación con ella. Y la magia surge como una semilla de forma más o menos evidente, pero allí está, esperando germinar…

■ ¿QUÉ CONSEJOS LE DARÍAIS A ALGUIEN QUE QUIERE INICIAR SU CAMINO MÁGICO?

Aconsejaríamos que dé rienda suelta a su creatividad, que encuentre la magia, que ya reside en su entorno, la viva y la reconozca. No hace falta ir muy lejos para encontrar magia en todo lo que nos rodea, solo es cuestión de saber mirar de forma correcta. También le recomendaría honrar lo aprendido y ser consciente de las implicaciones de la propia práctica. La magia es un arte que también se aprende de otros y es necesario que se honre la fuente de esa misma creatividad que pretendemos explotar. No reconocer la fuente de nuestra inspiración y actuar de forma déspota solo hace que nos aislemos y perdamos la conexión con nuestro entorno: eso mata la magia. Finalmente, queremos recordar que la magia es un dispositivo mental y anímico que nos permite liberarnos del racionalismo opresor. Practicar magia es un acto liberador y rebelde muy potente que transforma la realidad y crea la suya propia. Por ese motivo hay que tratarla con respeto.

HUGO CAMACHO

Hugo Camacho (Barcelona, 1980): Sordo poslocutivo y mejor persona. En su vida *muggle* es editor de Orciny Press, pero no es una muy buena tapadera para su vida mágica, ya que ha traducido las biblias del discordianismo (el *Principia Discordia* y la Trilogía *¡Illuminatus!*), así como el trabajo vital y mágico de Damien Echols.

¿QUÉ ES PARA TI LA MAGIA?

Para mí es una extensión de mi espiritualidad. De hecho, suelo decir que la espiritualidad es la teoría y la magia es la práctica. Aunque supongo que mi manera de acercarme a ambas es particular (aunque le sonará a mucha gente) porque lo hago desde el discordianismo y la magia del caos, con lo cual me lo creo todo lo suficiente como para que me funcione, pero también le aplico un cierto grado de sorna y escepticismo que me ayuda a no obsesionarme y a revisar de manera constante mi relación con todo ello.

La magia es también una expresión artística y tengo la suerte de poder compartir la práctica con mi pareja. Siento que el proceso creativo y el hecho de que sea un espacio que compartimos nos une todavía más.

¿QUÉ COSTUMBRES, TRADICIONES O HISTORIAS TE HAN IMPACTADO MÁS EN RELACIÓN CON LA MAGIA?

Una de las cosas que más me han llamado la atención son las experiencias propias que relataba Robert Anton Wilson en relación a la espiritualidad, pero sobre todo su manera de relacionarse con ellas, que es parecida a lo que he descrito más arriba. También me gustó mucho descubrir el enfoque que aplica la magia del caos y que te anima a hacerte tu propio librito. El no estar aferrados a dogmas es lo que hizo que me relajara más a la hora de acercarme a la magia. Pero, sobre todo, la historia que más me ha impactado siempre es la de Damien Echols, quien estuvo dieciocho años encerrado en el corredor de la muerte por un crimen que no había cometido. Hay un momento en la segunda parte del documental *Paraíso perdido* (que cuenta su caso) en el que lo entrevistan en el momento en que apenas lleva tres o cuatro años encerrado y dice que, cuando era pequeño, quería ser el mago más poderoso del planeta y que, en el momento de la entrevista, tiene la sensación de que lo han puesto ahí para que se dedique a aprender magia. Visto *a posteriori* y viendo lo que efectivamente hizo con el tiempo que estuvo en prisión y todo lo que ha hecho después (libros, clases, una escuela), se me ponen los pelos de punta. A día de hoy creo que es la persona que más sabe de tradiciones mágicas y espirituales, por todo ese tiempo que ha estado estudiando.

■ **¿Podrías compartir con detalle un hechizo que conozcas o que hayas incorporado en tu vida diaria y que creas que puede ser útil para más gente?**

Hechizos propiamente no, pero con lo que más trabajo es con sigilos, que son representaciones simbólicas de una intención.

Piensas en un fin que quieras conseguir y que puede ser más elevado o menos. Por ejemplo: «Destierro los pensamientos intrusivos». Escribes la frase en un papel y eliminas todas las letras que se repitan. Hay quien elimina también todas las vocales, pero yo a veces me las quedo. De esta manera nos queda algo así: *destirolpnamtu* o *dstrlpnmt*. Estas letras las fusionamos en un símbolo, un caligrama o un muñequito que nos guste cómo queda. A veces sigo dibujando el símbolo hasta que se deforma y las letras pierden su apariencia. O si busco algo rápido para tener en el teléfono me dirijo a Sigilengine. com y le pido a la app que me genere uno. Puedes introducir otros elementos, como colores o incluso sigilos anteriores. Y ya tenemos nuestro sigilo. La magia del caos propone hacer las cosas lo más tuyas posible, así que animo a la gente a alejarse de intentar hacer sellos salomónicos o que parezcan firmas de demonios. Creo que eso está demasiado trillado y me cansa el rollito *darks* que se le quiere dar a la magia del caos. Si puede ser lo que cada uno quiera, lo interesante es no copiar a los demás, sino conectar con la expresión que nazca de ti.

Con el sigilo ya creado solo nos falta lanzarlo, que puede hacerse autoinduciéndose un estado lo más parecido posible a la gnosis (si no se llega, no pasa nada, tampoco hay que fliparse), que puede ser simplemente con una meditación o mediante respiraciones; o mediante una actividad física intensa (el chiste con los *caotas* es que podemos utilizar la masturbación) o simplemente mediante un pequeño ritual *ad hoc*.

Luego, hay gente que propone destruir el sigilo y olvidarlo, pero este que he puesto de ejemplo lo he tenido mucho tiempo en la pantalla bloqueada del teléfono, de esta manera lo veía cada vez que miraba la hora y le mandaba ese mensaje a mi subconsciente.

■ ¿PODRÍAS COMPARTIR CON DETALLE UN RITUAL QUE HAYAS INCORPORADO EN TU VIDA DIARIA Y QUE CREAS QUE PUEDE SER ÚTIL PARA MÁS GENTE?

La mayor parte de mi práctica mágica se basa en la protección. No me gusta hacer cosas que puedan interferir con la voluntad de los demás, pero tampoco quiero que esta interfiera con la mía o me perjudique. Es por eso que todo el trabajo lo dedico a desviar o a bloquear las intenciones de los demás. Pero como esta actitud puede hacer que me aísle también de las buenas intenciones, opto por un escudo selectivo, una protección para solo dejar entrar el amor, y que he sacado del libro de Lorri Davis y Damien Echols, *Ritual*, y que es una variación de otro ritual que describen llamado Esfera de luz. Este, además, se puede realizar en pareja para no permitir que mierdas externas afecten a tu relación (y a día de hoy, puedo decirte que nos ha funcionado).

Ahí va:

Inhalas al menos tres veces (mientras más inhalaciones hagas, más energía pones en el escudo) mientras visualizas cómo atraes la luz que tienes alrededor. Entra en ti a través de la nariz, se distribuye por tu cuerpo y te sale por las plantas de los pies.

Cada vez que inhalas, la tierra se llena de una luz que es cada vez más intensa. Después extiendes la mano derecha mientras realizas el mudra de la espada y dibujas un círculo de luz rosada a la altura de tu cintura. Mientras lo haces, repite mentalmente: «Solo la energía amorosa y con una vibración superior puede penetrar esta esfera».

Entonces extiende ambos brazos desde los costados y súbelos con las palmas hacia arriba hasta que estas se toquen por encima de tu cabeza. Mientras tanto, imagina que de esta manera extiendes la energía del círculo que has dibujado y creas una cúpula sobre tu cabeza. Después haces lo mismo hacia abajo para cerrar el círculo de energía rosa por debajo de tus pies y así quedar envuelto en una esfera.

A partir de aquí, imagínate envuelto en una esfera rosada que te acompaña allá donde vayas.

Inhala una última vez mientras visualizas que la esfera rosa brilla con toda la intensidad que puedas imaginar.

Puedes repetir este ritual tantas veces como quieras, como si recargaras el escudo.

Nota: Se habla de luz rosada porque el rosa es uno de los colores que se asocian con el planeta Venus, el cuerpo celeste que se corresponde con la energía del amor.

■ ¿CÓMO COMPAGINAS LA MAGIA CON TU PROFESIÓN Y TUS QUEHACERES MUNDANOS?

Al ser autónomo, lo difícil no es compaginar una actividad con otra, sino encontrar tiempo para practicar la magia de manera reposada. De hecho, en alguna ocasión he utilizado la magia en mi trabajo. Por ejemplo, como colofón en uno de mis libros puse un servidor [algo así como un sigilo insuflado de una cierta vida, localizado en un objeto y que trabaja a largo plazo] que ha estado haciendo su trabajo (y de manera efectiva). Y como he dicho anteriormente, al practicar también con mi pareja, es algo que está integrado en nuestro día a día y en nuestras conversaciones.

También utilizo mucho el tarot para reflexionar y trabajar mi espiritualidad… o para animar charlas entre amigos.

■ ¿QUÉ CONSEJOS LE DARÍAS A ALGUIEN QUE QUIERE INICIAR SU CAMINO MÁGICO?

Que no se aferre a gurús, ni maestros ni a gente que le diga lo que puede o no hacer de manera dogmática. Que aprenda de todas las fuentes posibles para hacerse su propio librito y que empiece a practicar a la primera de cambio. Nunca se va a estar *preparado* o se va a tener una «base teórica suficiente para poder empezar». Es una práctica y lo que te funciona o no, se aprende practicando. También les diría que siempre que puedan se dirijan a las fuentes en su idioma original, porque en general (y con la magia del caos en particular), está todo bastante mal traducido y da lugar a confusiones. Y que si descubren algún *influencer* de estos temas y les gusta cómo divulga, que se fije bien si esta persona cita sus fuentes. No solo para poder investigar más allá de lo que explica, sino porque hay mucho listo que copia (y que suele copiar mal, lo que acaba tergiversando el mensaje) a gente que está haciendo un gran trabajo y que a lo mejor no tiene tanta visibilidad.

Y que se lo pase bien, ¡por Eris! Que no tiene por qué ser siempre algo serio.

TAYRIRYAT

Tayri Cuenca nació en las Islas Canarias, es tatuadora profesional desde 2008 y actualmente trabaja en Barcelona como sede permanente, aunque se desplaza con frecuencia a estudios internacionales. Además de tatuadora, Tayri es autora del libro *Cavernaria. Antimanual de Sigilos.*

■ ¿QUÉ ES PARA TI LA MAGIA?

Para mí la magia es la capacidad de crear cambios en nuestro pasado, presente y futuro por medio de métodos que son o parecen absurdos, pero que influyen en el espectro que va desde lo imposible a lo inevitable.

■ ¿QUÉ COSTUMBRES, TRADICIONES O HISTORIAS TE HAN IMPACTADO MÁS EN RELACIÓN CON LA MAGIA?

Lo que me fascina es la historia humana en sí misma. Cómo empezamos a hacer uso del comportamiento simbólico. Ordenamos el caos creando el cosmos, buscamos armonía formulando códigos desde cero, dimos propiedades *a priori* ilógicas (desde el punto de vista moderno) a cada elemento de nuestro entorno, desarrollamos gracias a esto un metalenguaje que nos permitió comunicarnos con él y lo más increíble, recibimos respuestas, reacciones. La magia no solo nos permite influir sobre lo que escapa a nuestro control de manera física, nos permite convivir en comunidad con la otredad, que es más importante. Siento atracción por el animismo, haciendo hincapié en mis orígenes. Cada persona tiene un legado inmenso, en mi caso se trata del que poseemos los canarios. Soy del archipiélago y aunque nacida en Tenerife, no hago distinción entre islas. Mis orígenes canarios están marcados por el etnocidio y la colonización, aún presente en nuestras vidas hoy. Veo la visión antropocentrista del mundo como una aniquilación de nuestra esencia. El capitalismo es la máxima expresión de esto y mi enfoque ideológico al crear métodos o adaptar otros es siempre libertario, anticonsumista y anticapitalista. Mi moral subjetiva se basa en el apoyo mutuo en lugar de jerarquías de poder, por lo que rechazo la idea de gurús o sectas en mi trabajo mágico. Soy individualista y rara vez me uno a grupos, salvo algunas excepciones.

■ ¿PODRÍAS COMPARTIR CON DETALLE UN HECHIZO QUE
CONOZCAS O QUE HAYAS INCORPORADO EN TU VIDA DIARIA
Y QUE CREAS QUE PUEDE SER ÚTIL PARA MÁS GENTE?

Mi inspiración principal para hacer magia y hechizos son la arqueología y la creatividad artística. También presto atención a lo que siento cuando toco objetos, estoy en lugares, huelo cosas y, en definitiva, cualquier acto sensorial que me provoque una detonación psíquica. Los detonantes psíquicos, también llamados detonantes emocionales, en inglés *trigger*, son un concepto que le sonará a más de uno si está familiarizado con la psicología. En el campo de la salud mental suelen tratarse como síntoma de una realidad psicológica subyacente, que debemos trabajar para gestionar nuestros traumas. Hay situaciones, olores, objetos o canciones entre otras muchas cosas, que pueden disparar recuerdos o emociones en nosotros y cambiarnos por completo en segundos. Algunos disparadores pueden aflorar en nosotros la ira, miedo, inseguridad o abandono, pero también hay otros que pueden generarnos amor, felicidad, seguridad etc. Seguro que recuerdas ese juguete que tenías de pequeño y te regaló alguien muy querido, quizás un tipo de planta te transporta con su olor a algún momento feliz. Todos los detonantes están en tu caja de herramientas para crear hechizos y tienen más poder que cualquier artilugio mágico de moda a la venta. Durante mis paseos mágicos por la ciudad o por la naturaleza suelo estar atenta a lo que encuentro, como si recolectara. Huesos, cadenas, plumas, objetos en general... Los observo, huelo, toco, medito con ellos y apunto lo que evocan. Con el tiempo incluso decidí coger algo aleatorio de mi entorno cuando estoy viviendo o sintiendo un momento especial. Todos estos pequeños elementos simbólicos pueden ser combinados entre sí o utilizarse solos. La manera de juntarlos son los saquitos, bolsas de tela pequeñas que porto cuando es oportuno. Me gusta mucho la estética de los escapularios, así que suelo optar por darles esa forma rectangular y aplanada (dentro de lo posible). La idea es inducirnos a sentir algo concreto o crear una coyuntura propicia en específico al diseñar estos objetos. A continuación, comparto una situación ficticia como ejemplo y planteo algunas preguntas que servirán de guía en la elaboración de hechizos:

¿A qué situación me estoy enfrentando?

Estoy nerviosa e insegura porque me llamaron para una entrevista de trabajo en el lugar donde siempre soñé trabajar.

¿Qué quiero conseguir?

Calmar estos nervios e inseguridades, tener una actitud de discernimiento para no empequeñecerme frente al equipo de trabajo. Quiero que piensen de mí que soy profesional y que merece la pena trabajar conmigo porque tengo mucho que ofrecer.

¿Qué objetos de mi caja de herramientas voy a necesitar? (muestro ejemplos personales)

Calma y seguridad

— Ruda de los alrededores de la casa donde crecí, Su olor me relaja.

— Sal de las salinas de Fuerteventura, recolectada en una visita a la isla. La fuerza del Atlántico, como rompe el mar sobre las rocas, me hace sentir que estoy rodeada por una fortaleza natural, una fortaleza que además observo a diario consciente e inconscientemente porque forma parte del paisaje, esté donde esté.

Discernimiento

— Pluma de cernícalo. Es un ave rapaz, mirar todo desde las alturas, teniendo un mapa mental claro de lo que sucede, me permite abordar situaciones sin dejarme llevar por lo que siento.

Profesionalidad

— La foto de un familiar que evoca en mí estas características.

Extras

—Aquí añado cosas que siento que debo poner, aunque no tenga claro aún por qué, puede ser aleatorio.

Considero oportuno aclarar que es posible usar un poco de cada elemento descrito. Si es una foto puedes imprimirla muy pequeña de 1cm o menos, cuando hablamos de una llave puede ser viruta del metal o si es piel de serpiente puede ser alguna escama.

Material para el escapulario o saquito.

— Dos rectángulos de una tela que nos guste de entre 5cm y 10 cm, del color que consideremos que debe tener.

— Aguja e hilo.

— Cordón o colgante para llevarlo en el cuello. Un broche o imperdible es otra opción.

El nivel de elaboración puede ser rudimentario y tosco. Une los dos rectángulos entre sí, utiliza la aguja y el hilo. Antes de cerrar la última parte, rellena la bolsita con tu selección de elementos. Finaliza el trabajo añadiendo la cuerda o el imperdible. Lúcete, si lo ves oportuno, con diferentes colores y decoración. Incluso bordar un sigilo o dibujarlo en su exterior. La parte creativa depende mucho de cómo sea cada uno. Elegí este método porque es un ejemplo del *do it yourself* adaptado a la magia. Tiene coste cero ya que todo puede ser reciclado y además se trata de una fórmula arcaica. Antes de que la escritura o los símbolos existieran ya el humano le daba usos simbólicos a los elementos del entorno y esta técnica jamás dejó de usarse. Se puede adaptar a la vida moderna con mucha facilidad. *Keep it simple*, siempre funciona.

▮ ¿Podrías compartir con detalle un ritual que hayas incorporado en tu vida diaria y que creas que puede ser útil para más gente?

Los rituales que incorporo en mi vida son puntuales, no suelo repetirlos como sucede en las comunidades que comparten el mismo paradigma religioso. Estos grupos suelen tener unas celebraciones en fechas específicas (solsticios y equinoccios) o momentos concretos (bodas, ritos de paso, bautizos etc.). De forma ocasional colaboro en trabajos mágicos grupales, durante eventos donde hay problemas comunes. Una especie de *black bloc* mágico, la intención principal es el sabotaje. Creamos estos rituales con manadas de sigilos, cualquier tipo de hechicería o aportaciones mágicas creativas individuales. Funcionan en paralelo con actos en el plano físico dedicados al mismo fin. Durante la cuarentena de COVID-19 el año 2020, formé parte de uno de estos rituales junto a Sére Skuld, Sabrina Rodríguez, Margit Glassel, Diana Calabaza Cósmica y por último Ivana Ray Singh. Cada una de nosotras hizo su aportación mágica enfocada en diferentes partes del objetivo. Compartimos todo el proceso por RRSS y fue un trabajo con reacciones interesantísimas. Los rituales de este tipo prueban su efectividad *ipso facto*, lo que demuestra que la fuerza colectiva es muy poderosa. Otra situación donde he utilizado la técnica fue para evitar un desalojo, encantando la casa. Fue un trabajo increíble donde se combinó la manada de sigilos y un pacto con ancestros. En el ritual participaron todas las personas de la vivienda y aunque también hubo mucho trabajo en reforzar la casa, no fue necesario porque la policía no alcanzó ni la puerta.

¿CÓMO COMPAGINAS LA MAGIA CON TU PROFESIÓN Y TUS QUEHACERES MUNDANOS?

Cualquier momento costumbrista puede tornarse mágico si existe una intención. Cuando tejes, te peinas el pelo o te duchas, por ejemplo, puedes cargar ese momento de significado. Un viaje en avión sirve para cambiar de forma, utilizas ese período liminal, (cuando vas de un lugar a otro, pero tampoco te encuentras en ninguna parte), y así destierras aquello que ya no es útil, tomas nuevas características que deseas adoptar y te transformas. No hace falta planificar con antelación nada, ni usar materiales o conocer la posición astrológica. Tu mente es la herramienta más poderosa, puedes ir andando a tu lugar de trabajo, sentirte inspirado por cualquier situación mundana que se presente (un rayo de luz, un accidente, dos trenes que se cruzan durante unos segundos para continuar en direcciones opuestas etc.) y activar tu pensamiento mágico. Respecto a cómo integré la magia a mi profesión, fue a raíz de comenzar con el proyecto de Cavernaria, un libro escrito y autoeditado por mí. Contra todo pronóstico, un tentáculo salió de mi trabajo convencional y atrapó al pensamiento mágico en forma de pequeños sigilos y ornamentaciones a gran escala. No me vendo como alguien que ofrece servicios de tatuajes mágicos, considero que la única persona con autoridad y poder es mi cliente que, por medio del dolor y experiencia, hace su propio ritual o hechizo. Cuando hago este tipo de trabajos soy diseñadora y tatuadora, no ejerzo influencia sobre nadie. El tatuaje terapéutico o canalización de sigilos me parece una patraña más en este mundo lleno de oportunistas de lo indemostrable.

¿QUÉ CONSEJOS LE DARÍAS A ALGUIEN QUE QUIERE INICIAR SU CAMINO MÁGICO?

Sin ninguna intención de ser condescendiente o paternalista y tomando este medio como una oportunidad para compartir. En mi opinión, el camino mágico se inicia en el momento de la gestación, entendiendo esta como un ritual propiciatorio. Todos hacemos magia continuamente, solo nos hace falta ser conscientes de que la estamos haciendo, es algo que está intrínsecamente ligado a ser un humano. Entiendo que, para algunos, estudiar una tradición o creencia durante un período es importante pero no olvidemos que son paradigmas y existen desde siempre. Se van modificando, perdiendo, recuperando y creando nuevos según avanzan nuestras sociedades. Te invito a indagar en ti, entrar en tu caverna mental, cuestionarte si no sueles hacerlo e ir tanteando, la información está en tus huesos. Dentro de toda la documentación y libros que puedas llegar a leer, recuerda que tienes la última palabra, basada en tu experiencia y contextos personales. Ten presente que hay más magia en los errores que en la perfección, aléjate de todo aquel que no te permita ser quien eres, confía en tus habilidades.

Evita el sobreestímulo de la información en internet, ahí no es. Por último, no hagas caso de las técnicas coercitivas, infórmate sobre ellas y aprende a detectar a un farsante. Se de buena mano que este libro está lleno de herramientas útiles, prácticas y auténticas, sigue disfrutando su lectura, igual que yo disfruto con la amistad de esta gran maga y amiga, Sére Skuld.

NOTA FINAL

Nunca me han gustado las despedidas, así que seré breve.

Espero que este libro te anime a iniciar tu camino mágico o a seguir avanzando, que te acompañe en tus momentos de duda, que te dé consuelo cuando te sientas perdido y que te haya arrancado alguna sonrisa. Que te incite a investigar por tu cuenta, a leer otros libros, a priorizar tu autoconocimiento y a practicar.

Compaginar la vida mágica y la mundana es algo que llevas haciendo desde que naciste, porque ambas han sido siempre la misma cosa. Experimenta, comparte, aprende, olvida, llora y ríe.

Cuando en algún punto del camino sientas que te abruma la soledad, mira al cielo y recuerda que, como dice mi amiga Istel, estamos hechos de basura espacial.

Este libro terminó de escribirse
la noche del 30 al 31 de agosto de 2023,
bajo el influjo de la súper luna azul.

Salve, Eris

AGRADECIMIENTOS

A mis padres, porque literalmente no existiría sin ellos.

A mis hermanas Tania y Bárbara, por apoyarme, comprenderme y quererme como soy, aunque a veces no me entienda ni yo misma.

A Aldo Linares, por su amistad y por su generosidad escribiendo un prólogo directo al alma.

A Manuel Berrocal, por ser un faro en la niebla mental y mágica durante más de veinte años.

A Jesús Callejo, Gaia Soler, Israel Espino, Júlia Carreras, Héctor Varela, Hugo Camacho y TayriryaT, por sentarse al fuego a compartir historias.

A Salva Rubio, *back to back, bro.*

A Asur, Juaners, Pili y Tolu, por su increíble e incondicional amistad paranormal, os quiero mucho.

A Tamara Íñigo, la eterna guardiana de la paz y de la vida lenta… y a Alfonso Cea por absurdo.

A Servando Rocha y Beatriz Egea, por animarme siempre a usar mi voz.

A María Osa, una estrella que me guía cuando me siento perdida.

A Babs, Bárbara Montes, por ahuyentar al síndrome del impostor.

A Rodrigo Carreño, mi Z bello, por su cariño y paciencia con Doña Croqueta, por guiarme a través de la jungla académica.

A Andrés Piquer, Miriam Blanco, Pablo Torijano, Mónica Cornejo y Óscar Salguero, cuyo trabajo me ha hecho creer en la poderosa sinergia que existe entre el enfoque académico de la magia y la experiencia del practicante.

A Herminia, porque Eris aprieta, pero no ahoga.

A Estíbaliz, Paula, Nacha, Judith, Valle, Andreia, Mónica y Bea, que siempre han apoyado mi faceta mágica dentro de la mundana.

A ti, Parroquier de Misterios y Cubatas, por bajarte también al fango de la magia.

A ti, Navegante de Onironautas Podcast, por compartir sueños, a Alberto por acompañarme en el viaje.

A Dani y Arturo, porque soy una puta loca.

A la gente bonita de mi Patreon, el filandón digital que me arropa y apoya en la distancia.

A ti, que estás leyendo hasta los agradecimientos de mi libro para no dejarte ninguna letra pequeña por leer.